WAKE UP

喚回最初的自己

WAKE UP

喚回最初的自己

噶瑪旺莫／著

簡單，才能開心

目次

夏日安居

自在登場

戒塵師父

我的師父法號戒塵，是淨塵寺的方丈，也是師兄弟們心目中最有智慧和能力的人。住在寺裡，大家最喜歡的事情就是在休息時聽師父訴說他年輕時雲遊四海的故事。每當師父為我們講述他遭遇的趣事，就像瞬間返老還童，彷彿自己不曾老去。儘管師父偶而也會失落地說，很遺憾自己年輕的時候沒有抓住學習更加精深佛法的機會。其實，我覺得師父真的很棒！在全寺師兄弟眼中，他是最慈愛、最有智慧、最可愛的方丈。雖然師父也會有比較嚴格的時候，但我們還是願意跟隨著師父學習佛法。

戒緣師叔

戒緣師叔和師父是同門，與戒明師叔三人是師兄弟。他是我們寺裡最重要的人，因為他掌管著寺裡的大小後勤事務。要是哪天沒了戒緣師叔，那我們全寺可是會陣腳大亂！吃不上飯不說，還穿不上乾淨衣服呢！說起來我還是很感謝戒緣師叔，因為他的辛苦，我們才過得很輕鬆。所以有空我們也會幫著戒緣師叔幹活。

戒緣師叔是寺裡最胖的和尚，也正是因為這個特點，他顯得格外地慈祥。好玩的是，他不時會發狠聲稱要減肥，但每次都不了了之。

戒明師叔

戒明師叔和師父、戒緣師叔屬於同門師兄弟，但是在我的印象中，他很少待在寺裡。或許是羨慕師父曾經的雲遊四海，又或許是因為他的本性喜歡自由，總之他經常一走就是很長時間才回來一次，而且就算回來了也要不了幾天又走了。

雖然他沒有和我們生活在一起，但是對我來說，他仍然是位值得尊敬的師叔，因為我的夢想就是雲遊四海，過著自由自在的生活。

釋嗔

釋嗔是我的大師兄，他經常嚇唬我，讓我做最粗重的活，搶我手裡好吃的食物，每次有丟人的事情就讓我去做……。算了，還是說些大師兄的優點，不然等會他又罵我了。

大師兄身材不算魁梧，不過在寺裡挺有威信。平時調皮搗蛋的小和尚，一到釋嗔師兄來了，就會立刻收斂很多。但他也有脆弱、細心一面，只是每當他脆弱的時候，仍舊嘴硬地說不是這麼回事兒。儘管他做事衝動、容易發怒，但是他比我們誰都尊師重道，不允許別人有一絲侮辱佛祖、師長的行為。也幸好有釋嗔師兄在，我們就不會被一些不懂佛法的施主欺負了。

釋貪

釋貪是我的二師兄，他可不像書裡寫的豬八戒那樣胖。不過有一點是挺像的，就是既貪吃又貪玩。

二師兄是我最好的朋友，因為我們每天工作在一起，就連睡覺也是相互挨著。正因他的好玩，我也跟著沾了不少光。雖然他老是不守寺裡的規矩，還帶著我一起破壞規矩，可是卻經常從其他地方找來我從沒見過的東西，或者給我寺裡沒有的食物吃。所以，他是我最好的師兄和朋友。

釋癡

釋癡是我的三師兄，也是我的好朋友。說到釋癡師兄，不得不說他是我見過最倔強、最愛鑽牛角尖的死硬派。有時候，明明可以很簡單、很輕鬆地完成一件事情，他一定會繞很多彎路，還說自己是對的。

不過，釋癡師兄有個優點，就是很聽師父的話。師父覺得如果他能有多一些領悟，就再好不過了。釋癡師兄自己養了一條橙色的小金魚，閒來沒事他就對著魚說話，好像魚兒能聽懂一樣。

釋淨

釋淨是戒緣師叔唯一的弟子，在收了釋淨之後，戒緣師叔就開始擔任寺院後勤工作，沒時間再接收其他弟子。

釋淨和我一般大，是個肯吃苦、肯學習佛理的曉和尚。不像我們幾個師兄弟，總是替師父惹來很多不必要的麻煩。釋淨說他覺得要想成為偉大的僧人，必須先吃苦，只有刻苦的修行才能得到真理。他整日跟著戒緣師叔修行，比我們都刻苦。

釋清

釋清是我最羨慕的師兄，他是戒明師叔的弟子。戒明師叔主張自學成才，凡事要在體會中取得真理，所以戒明師叔總是帶著他四處雲遊。他們前些時日才又離開淨塵寺。他在寺裡也會和我打打鬧鬧，但是他明顯要比我們成熟得多，可能和他經歷的有關。不過師父說我現在還小，不適合去外面喧囂的世界修行。

滿面春風

誰能找到一模一樣的東西

每個季節都會颳風。我記得春天的時候，風吹在臉上有種冷颼颼的感覺，有時還伴著沙子，害得我不敢睜眼。夏天的時候，整個世界像廚房的蒸籠，風吹過時好像在蒸籠裡喘了一口氣。秋天的顏色是溫和的，秋天的風也是溫和的，吹在身上的感覺，像在被子裡一樣舒服。冬天的風是呼嘯的，儘管那是銀白色安靜的世界，但是狂風一颳，好像看不見的魔鬼在怒吼般，嚇得我們都不敢出門。

猶如不同季節的風，每個人的性格也不一樣。經過多年相處，我大致會這樣形容師父和三位師兄。師父去過很遙遠的地方，這一直是我最羨慕的事情。他身為淨塵寺住持，有時卻像孩子一樣在我丟臉的時候取笑我。但是如果有施主前來禮佛，他就馬上換成莊嚴的模樣，細聲細語地替人家指點迷津。

釋嗔師兄已經舉行過成人禮，但時不時動怒的脾氣總也改不了。師父說出家人不可輕易動怒，要凡事原諒他人，以善為本。「釋嗔」的名字就是師父用來讓他戒掉嗔怒的意思。

釋貪師兄今年冬天的時候就可以行成人禮了。他和我是最好的朋友，因為他經常會帶著我到處玩，告訴我許多稀奇古怪的故事。當大師兄欺負我的時候，他也會幫我出頭。但是師父說他這麼大了還是只知道吃喝玩樂，真是不讓人省心。「釋貪」這個名字就是戒掉貪念的意思。

釋癡師兄也是我的好朋友，他和二師兄差不多大，不過要到明年夏天才算成年。三師兄每天都呆呆的不知道在想什麼，師父說他悟性不高卻很用心地在學習佛法，在我們幾個裡面是最用功、最聽話的。所以在我們之中論佛法的修行，他並不顯得很笨拙，因為我們的道行確實不怎麼深。釋癡就是戒掉癡念的意思。

除了風跟人，每棵樹也都不一樣。比如院子裡這顆大柳樹，和我種在後院的茶樹，它們一高一矮、一香一不香。柳樹會長出綠色的柳條，而茶樹會長出潔白的小花。後來有一天我發現，就算同一棵柳樹上的柳葉，以及每一株茶花也都是不一樣的。

這個世界上有沒有完全一樣的事物呢？到現在我沒見過，可能是我還小吧。對了，螞蟻好像就是一樣的，不知道這算不算答案？

得到你想要得到的祕密

師父告訴我：「一年之計在於春，一日之計在於晨。」所以每年到了春天，師父都格外早起。

乍暖還寒的春天，對師父來說簡直就是佛祖恩賜。不過，我們又有一堆活要做了。

「釋懷、釋貪、釋嗔、釋癡，快都起床了。今天，陪我去種樹！」為什麼師父總是精神百倍？我把被子往身上又裹了裹，想再賴床一會兒。

「剛才聽到師父在院子裡的動靜，我就知道今天肯定有事。」釋嗔師兄機靈地對我們說道。

「好像就只有你聽見了，我們不也都醒了？」釋貪師兄頂嘴說道。

「欸，沒大沒小的，你在跟誰說話啊？」釋嗔瞪起了眼珠，看起來很厲害，我可不敢惹他。

「再不起來，師父就來掀被子了！別吵了，快起床吧。」一旁正在穿衣服的釋癡師兄也插了句嘴。

「你們真是比師父還有精神，一大早就吵架，還是我去幫師父去！」說著，我一骨碌地起身，迅速地穿好了衣服。幾位師兄也不再說話，漱洗完畢，紛紛拿起了種樹的工具，到師父面前集合。

「師父，您怎麼每年都種樹啊？」釋嗔師兄有些不悅地問道。

「現在種樹，等到夏天的時候就能乘涼，秋天就能結果，為什麼不種呢？」師父反問道。

「嗯，好！師父，我們跟著您去就是了。」釋癡師兄說道。語畢，一行人帶著鋤頭就浩浩蕩蕩前往後山了。

走出寺廟，看見去年冬天光禿禿的樹枝長滿了綠色的痂，不像寺裡的柏樹還披著一身蒼翠。那些綠色的痂，有的鼓了起來，一層一層嫩綠色的薄片包裹著細小的芽；有的芽已經抽出來了，像是捲起的舌頭。

其實這些樹我大部分都認識，是師兄教我的。很簡單，在我眼裡它們分為兩種，一種是有果子吃的，一種是沒果子吃的。我當然喜歡有果子吃的樹，所以，我今天要種一棵會結果子的樹。

空氣中散漫著一種清香，是樹木和泥土混合的味道，我聞得出。我看到了一種以前很少見過的樹，矮矮的像一株草，聞起來味道很清新又有點辣，但是又和樹一樣長著枝椏。我想就是我要的樹，剛好我還可以帶走它，種在後院裡。

不過，我想得太簡單了！這傢伙一點也不聽話，根本就不想跟我走。我暫時還沒想到別的辦法讓它離開泥土，只有緊緊抓著它的根部往上拔。可我又不太敢用力，我想它也怕疼。

我和它僵持了一小段時間後，發現它不像原來那樣緊抓著大地了。泥土已經開始鬆軟，只要我一點一點地幫它清理掉身下的泥土，它就會逐漸鬆動，就這樣過沒多久，我就能得到一株小樹苗。

於是，我跑去找師父。正忙碌著的師父也被泥土弄得髒兮兮的，他說道：「這是棵茶樹。」

「這就是茶樹？能結果子嗎？」

「能，不過這果子不能吃，可以用來榨油。現在你把它種下，以後我們就有茶喝了。」

「為什麼不能結出可以吃的果子呢？」

「種什麼樹，結什麼果啊！這麼淺顯的道理還問？」

「種什麼樹，結什麼果。」我一邊重複著師父的話，一邊轉身走開。

是緣分，還是情分

昨天颳了一整夜的風，門前的空氣中有一股特別的味道，像是哪根屋樑掃下的香灰參雜其間，熟悉又提神。我覺得自己的鼻子特別靈敏，因為我還同時聞到了飯菜的香味。

我種下的那株茶樹，今天竟然已經長出了新綠，讓我難掩心中的雀躍。在去吃飯的路上，我遇到一隻小鳥，就停在大殿屋簷下，那裡有一個褐色的鳥巢，看起來像是新建的，以前從未發現過。

「鳥兒，我知道你是誰，你是燕子。那你知道我是誰嗎？」不知道是哪裡來的小施主，站在屋簷底下，天真地對鳥兒說著。

「吱吱。」我猜不出來它說什麼，大概是在回應那個比我小好幾歲的小施主吧。

「我叫康康，媽媽說這裡有佛祖，能治好我的病。等我的病好了就能和小伙伴們玩耍了。」

「吱吱。」

「你是從哪裡來的？你怎麼不和小伙伴出去玩呢？是不是牠們也嫌棄你，不願意跟你玩？」

「吱吱。」

「要是媽媽允許我把你帶回家就好了，這樣我們都有伙伴了。但是媽媽很嚴厲，說很多東西都對我有傷害。」

「吱吱吱吱。」

「嗨，你是誰家的小孩？在這裡幹什麼呢？」我覺得這裡只有我可以和他玩一會兒，於是走過去對他說。

「嗯！我叫崔康康。你是誰呢？」他抬起頭滿臉好奇地看向我。康康？一定是他媽媽希望他健康成長的意思。

「我是這裡的小沙彌，我叫釋懷。咱們一塊去吃飯吧，吃完飯跟我去後院看看我種的小樹好不好？」我撓著頭，有些不好意思地說。

「你在找我玩嗎？太好了！」他幾乎跳躍了起來。

「吱吱——」燕子似乎也在屋樑上歡呼雀躍著。

飯後，我們來到了小茶樹跟前，我跟康康講了很多寺廟裡的事情，逗得他一個勁兒咯咯地笑。就在你追我趕玩得開心的時候，一位女施主焦急地跑了過來，一把抱住了他。

「康康，你身體不好，不能做激烈運動，你忘記了嗎？快跟我求佛祖保佑！」

她急忙雙手並在一起，向佛祖祈禱。然後拉起崔康康就走了。

看著康康依依不捨地望向我，我心想，或許我們還會見面吧！到那個時候，他肯定會是個健康陽光的小帥哥！

我並沒有再看見那只燕子站在屋簷上，應該是去找伙伴了吧。不過，既然牠住在這裡，我一定還會看到。遇見這種東西，是看緣分，不是看情分。

花兒，你可以跟我回家嗎？

三師兄釋貪來大殿找我的時候，我正在誦經。師父要我們每天虔誠地誦經禮佛，這樣才能時時得到佛祖保佑。此時，他老人家就在我旁邊誦經，他誦經的時候總是一動不動，他到底是在打坐還是睡著了？我也分不清楚。

釋貪師兄的聲音變得越來越清晰，他一定又是找我出去玩了。他和大師兄不一樣，不會和我爭東西也不會教育我。釋貪師兄很聰明，也很愛玩。

我看了一眼師父，他好像真的睡著了。我悄悄地向佛祖行了禮，就急忙跑了出來。釋貪師兄正從後院向我奔來，看他興沖沖的樣子就知道他肯定又是發現了什麼。想到這裡，我也向他跑去，迎面襲來一陣春風，暖暖的，柔柔的，很舒服。

我全身的細胞好像都被喚醒了，有種奇妙的感覺，說不上來，但是很開心很開心。

「釋貪師兄，找我什麼事呀？」我問道。

「師弟，後院的迎春花開了，淺黃色的一大片，就好像小鴨子身上的絨毛一樣。」釋貪師兄這樣說著，他的眼睛放著光，神態驚喜而興奮。

「真的嗎？快帶我去看看。」我異常激動，拉著他就朝後院跑去。

儘管每年後院的迎春花都會如約開放，但是這和每天念經文不一樣，每天念經文，我真的會煩躁，但是如果每天看著迎春花，我肯定會變得開心快樂的。

「你看，是不是很漂亮？」釋貪師兄說著，丟下我先躥進了後院。

一眼望去，黃燦燦的迎春花盛開，點綴了光禿禿的後院，似乎有種起死回生的能力。是什麼力量讓迎春花開放的呢？是誰通知它的呢？我總是遇到這樣想不通的問題，可能是我年紀還小吧。

風和日麗的午後，微風柔和地拂過，輕輕地搖晃著迎春花，看起來好像一群可愛的小鴨子在大合唱。陽光打在它們身上，讓原本很鮮豔的黃色變得更加耀眼了。

我站在風中，心裡暖洋洋的，輕輕地撫摸著花兒，將臉貼在它嫩嫩的花瓣上，真有趣。它看起來還像一張黃燦燦的毯子，要是能坐在上面誦讀經文，我一定會成為寺裡最刻苦的和尚。

「花兒，花兒，你可以跟我回家嗎？」我愛戀地看著它們，可是它們不回答我，還是一個勁兒地搖晃著小腦袋。

我等了好久，它們還是一言不發，我有些洩氣了。這時，師兄學著師父的動作，從我身後走出來，模仿著師父的語氣說道：「釋懷，這就是一花一世界，一葉一菩提啊。」

「一花一世界？」我疑惑地看著他，忘卻了剛才的些許失望。

「是啊，去年師父就是這樣對我說的，這一草一木都遵循著生命的規律，都順應規律輪回。我也不是很明白，反正就是這個意思吧。」師兄搔搔頭，不好意思地說道。

他這麼一說，我更不懂了。不過，我還是放棄了把花兒請回去的想法，因為我還沒想好怎麼養活它們。

小和尚與小茶樹的生機

佛堂前那棵大柳樹上長滿了嫩嫩的柳苞，大師兄說是綠色的，但二師兄說是黃色的，我也說不清楚究竟是什麼顏色的。

師父說這棵柳樹已經有一百多歲了，它的腰很粗，我使勁張開手臂都抱不住它。它也很高，我仰起頭都看不到它的腦袋，只會被透過樹枝的陽光刺得睜不開眼睛。但它看起來一點也不顯老，每年都會長出嫩嫩的新芽，到了夏天還會為我們遮蔽陽光。不像我們的師父，鬍子白花花的一大把，臉也乾枯了，或許他也在等他的春天吧。

夏天的時候，我時常倚靠著大柳樹背誦幾段經文，尤其是晌午過後，陽光會鋪滿整個院子，唯獨樹下是斑駁搖曳的柳葉影子，涼爽得很。夏天的時候，柳樹枝上都是新鮮的葉子，從遠處看，像極了那位穿著綠棉裙的小青施主，我想起了上次來寺裡上香的小青施主。我還很奇怪地問師父，為什麼她的頭髮可以留得那麼長？師父說她是女孩子，女孩子是可以留漂亮頭髮的。想到這裡，我不禁摸了摸自己的小光頭，嘿嘿，我是個和尚。

我的小茶樹什麼時候也能長成這麼高大的樹啊，對了，我該去看看我的茶樹，已經有好幾天沒去探望它了，或許它已經渴了。

上次來看它的時候，讓我興奮不已，因為我看到它的枝椏上也像柳樹一樣長出了新綠。今天，它又長大了！嫩嫩的卷葉一片片都舒展開了，說不定過幾天就開花了呢！我站在它的旁邊，比劃了一下，它才到我的肩膀，我一隻手就能握住它細小的腰身。

小樹啊，你什麼時候才能像大柳樹一樣高大呢？要是你也那麼高大，我以後就能每天來陪你了，還能給你念念經文之類的，讓你也沾染點佛性。

我這麼想著，從水缸裡舀了一碗水，澆在它的腳上。「小樹，小樹，你快長大吧。長大了就能替我遮風擋光了。」

我突然發現了一個奇怪而有趣的事情：「師父和老柳樹，我和小茶樹，都是一大一小的呢！看來我也要像小茶樹一樣快快長大，那樣就能和師父一樣優秀了。但是，我要和小樹一起年年都充滿生機，才不要學師父那樣呢！一點都不好看。」

路途即是心境的寫照

寺院的後山上有一條小路，是我和師兄們挑水的必經之路。稀疏陰暗的光影照映在生出青苔的石階上，踩上去又映在腳丫上了。有時候，我們會踩著這些影子歡快地相互追趕。有時候，我們也會大口大口喘著粗氣，在石階上歇息。

今天，我感覺這條小路格外的悠長，以前我經常覺得這條小路就像一條小蛇，逶迤曲折。難道這真是一條深藏著的蛇，現在長大了？我被自己的想法嚇了一跳，匆匆忙忙地去追釋癡師兄。

今天師父派我們兩個去挑水是有原因的，早上我本來是跑去告訴師父關於茶樹最新生長情況的，但是我進去以後，就發現釋癡師兄也在。

「師父，最近我總是為一些小事而煩惱，雖然我一遍一遍地念誦經文，還是覺得煩悶。」釋癡師兄看起來很苦惱。

「你希望我怎麼幫助你呢？」師父反問道。

「不知道」釋癡師兄一臉茫然地看著師父。

「水缸裡的水不夠了，你先去挑些水回來吧。」師父倒是一臉輕鬆。

「好吧。」釋癡師兄聽話地轉身走了。

「師父，您為什麼不開解開解他呢？」我疑惑地問師父。

「親愛的徒兒，你幫我個忙吧。完成任務，我就告訴你讓小樹快快長大的方法。」師父又開始壞笑了，我知道他肯定又讓我做什麼壞事了。大師兄在這點上和師父一樣一樣的，不過看在這個條件上，我還可以考慮。

「什麼事情？」

「去陪著釋癡，回來告訴我這一路上遇到的事情。」

這個條件好，我滿心歡喜地答應了。於是，我趕緊追趕上了釋癡師兄。

釋癡師兄走到一半的時候，突然就停下了，我看見他放下兩個水桶，靜悄悄地坐在草地上。

清晨的空氣沾染著濕氣，躺在草地上的露珠晶瑩剔透，仔細看還能隱約看到我光禿禿的腦袋。草是潮濕的，石階是潮濕的，就連風也是潮濕的。我挨著師兄坐在石階上，一陣涼氣鑽進我的身體，我連忙又站了起來。

「師兄，別坐著了，地上太涼了。」我關切地說道。

釋癡師兄好像根本沒聽我說話一樣，依然坐在冰冷的石階上，真擔心他回去會生病。不過，比起擔心他會生病，我更擔心他現在的心情，也不知道他是怎麼了。

我不再出聲，陪著他坐了一會兒。他似乎在思考著什麼，也不對我說。

假如你也在這裡，你一定會驚歎太陽的神奇。當曙光初照時，空氣中的濕氣變成了溫暖的春風，草變得更嫩了，石階變得更乾淨了，就連師兄的表情也變得緩和了很多。

在我偷偷觀察師兄之際，太陽已經射出了萬道金光。它籠罩著整個世界，仿佛從來沒有黑暗過。師兄的臉龐被分成了兩個顏色，一邊是金燦燦的，一邊是暗暗的，我被逗得撲哧笑了。

「臭小子，你敢笑話我？看打」師兄斜著腦袋對我說。和煦的風恰當地來撒嬌，看來師兄的心情隨著空氣流動的溫暖好起來了呢！

「嘿嘿，誰讓你剛才那麼醜啊。」我得意地說著，隨即起身跑開了。師兄在身後邊追邊嚷嚷著，揮舞著雙臂好像真的要打我一樣。

我發現跑起來的小路又變得短了很多，師兄又變回了曾經的釋癡。

儘管我不知道師父這樣做是什麼目的，也沒得到什麼有用的價值回去報告。

但是從今天開始，我對這條小路有了新的概念：開心的時候，腳下的道路會變得很短；不開心的時候，腳下的道路會變得磕磕絆絆，不如坐下來靜靜地等候，旭日一定會升起！

黃昏的顏色

夕陽西下的時候，我總是喜歡坐在山頭。因為這樣就能將白天與黑夜變化的過程一覽無餘。可能是因為在這個時候，天空、大地、山巒都是金黃色的才叫黃昏這個名字的吧。

我發現有很多東西都很有趣，而且百看不厭，比如我每天誦過經文都來這裡觀賞瑰麗的大自然景觀。

師父說我們每個人心中都有一片屬於自己的天空，每天也會有白天，黑夜和黃昏。或許心中的天空也像這片天空一樣美麗，一樣高遠。我看不到它，但當我看著眼前的景象時，心裡很寬敞，很明亮，這可能就是心裡的白天吧。

遠處是山下農民施主種的小麥，清爽的晚風送來了泥土混著花草的香氣，調皮地挑逗著麥苗，掀起一層一層綠油油的麥浪。山巒已經被披上了一件紅黃參半的衣裳，看上去就像佛祖盤坐在那裡，為大地誦經祈禱。

師父年輕的時候，去過很多地方，看過最高的山巒，看過最長的河流，還看過廣闊的大海。在我們都閒暇的時候，就會給我們講他遊歷時見到的奇觀逸景，講到興起時還會給我們模仿這裡沒有的動物和人群。釋貪和釋嗔兩位師兄總會趁機表現自己，在後面跟著模仿。我和釋癡師兄則捧腹大笑，前仰後合。

我們沒去過遠處，每次師父講這些的時候，我們就圍坐一團，專心地聽著，甚至比講經文時還認真。但是不管怎麼說，我們幾個生活在一起，真是快樂呢！

上次師父就講到了大海，他說大海是一望無際的，蔚藍的天空與湛藍的大海在很遠的地方相交，分不清哪裡是天哪裡是海。當海風吹來，大海裡就會開出泛白的浪花。我抬頭問師父：「大海怎麼那麼奇怪呢？到底是個什麼樣子的呢？」師父笑著對我們說：「要是想知道大海長什麼樣子，你們去麥田裡看看吧，大海可能就像那個樣子壯觀。」

其實我每天都能看到麥田，因為我每天都來看夕陽。夕陽分四季，春夏秋冬的美麗都是不一樣的。比如現在它是紅黃色的，到了夏天就會變成血液般鮮豔的大紅色。麥田也會隨著四季而改變，比如現在它是綠油油的，到了秋天就會變成金黃色的，就像傍晚的夕陽，不刺眼但具有魔力。

大海也是分四季的嗎？春天的時候也是綠色的嗎？在我看來，麥田確實也是一望無際的，但是大海和天空怎麼會分不清楚呢？

我們的心中會不會也有一片大海與天空了無邊際？那麼，既然這樣，應該也會有一片綠油油的麥田吧。

佛陀也強求不來

早上，我睜開惺忪的雙眼，覺得有些口渴。我在溫暖的被窩裡，翻了個身對著正在穿僧袍的釋貪師兄說：「師兄，我有點口渴。」

「等著，我穿好衣服，去給你倒水，你也快起床吧！」

「我不想喝水，就想吃點桃子之類的水果。」

「現在還沒果子熟呢，你想吃我也沒辦法給你拿啊。」

我騰地一下子坐了起來，失望地問「為什麼啊？春天都來了，怎麼果子還沒熟啊？」

我只好悶悶不樂地穿上衣服去洗漱。做早課的時候，各種水靈靈的香甜水果都在腦袋裡排著隊地出現，弄得我心亂神迷。師父好像看出了我的不正常，下了早課關切地問我：「釋懷，你今天怎麼回事，好像心不在焉的。」

「師父，為什麼果子要有固定的日子成熟啊？我現在想吃都沒有。」我委屈地說道。

師父好像跟聽見了什麼笑話一樣，哈哈大笑起來：「我還以為什麼事呢，原來小釋懷是饞啦！哈哈」

我滿臉黑線地看著師父，沒有再說話，因為我確實是饞了。

「釋懷小和尚，出家人應該斷了貪吃的念頭啊，哈哈」師父假裝很嚴肅地對我說道。

「那師父，您倒是告訴我這是為什麼啊？」我知道自己確實不應該貪吃，但是還是沒忍住地問了一句。

「因為世間萬物都是順應自然規律的，誰也強求不來。有些東西只有到了該成熟的季節才會成熟，你現在這麼急著吃也是沒用的。」

「我……」一時之間，我不知道該說什麼了。

我覺得這是個不可思議的世界，人們明明什麼季節都想吃水果，水果卻不是什麼季節都成熟。春天的時候，它還不能吃，要耐心等才行。

師父摸了摸我的腦袋，對我說：「不要想了，好好讀經禮佛吧。」

「哦，師父，您就沒什麼特別想吃的東西嗎？您不會犯饞嗎？」我依然不甘心地問道。

「額，這個嘛，嘿嘿，老和尚我怎麼會饞呢？好了我還有事呢，先走了。」

師父似乎並沒有料到我會這麼問，結結巴巴地回答完我的問題就溜了。

其實我看得出來，師父也有想要的東西，只不過他的修行擊退了欲望。原來有些事情是可遇不可求的，原來有些東西是需要耐心等待的，原來有些欲望是可以克制的。

簡單，才能開心

今天師父讓我和師兄去挑水，而我還想去看看我的小茶樹。這讓我很不高興，因為我還有自己的事情沒有做，怎麼有心思去幹其他的事情呢？不過，不高興歸不高興，師父的話我還是一定會聽的。

「師兄，你最近看起來很開心啊，有什麼高興的事情發生了嗎？」在路上，我釋癡師兄聊天打發時間。

「倒是沒什麼高興的事情，開心是因為沒什麼煩心事啊。」師兄說著聽起來很矛盾的話。

「汪汪……」遠處傳來一陣狗吠。

一隻黑色的小狗從遠處快速跑來，似乎是沖我們來的。師兄也顧不上去挑水了，放下水桶就迎著小狗跑過去了，我緊跟在他的後面。

也不知道這是誰家的小狗，這只小狗似乎很有靈性，知道我們是善良的僧人，竟沒有絲毫害怕的心理。師兄一會兒摸摸它的小腦袋，一會兒給它撓癢癢。它看起來很享受，咧著嘴像在笑。我也蹲下來逗它，它開心極了，前爪不停地撲向我，不時發出一聲汪汪的叫聲。

眼看時候不早了，我和師兄也必須去打水了。我們戀戀不捨地挪動著步伐，它好像並不知道我們要去幹嘛，只是停在那裡目送我們離開。

「師兄，你說它是流浪狗還是誰家養的狗啊？」回來的時候，我好奇地問。

「不知道，可能是流浪狗吧，它身上有些髒呢！」

「那咱們要不然把它帶到寺院去吧」

「估計現在它都不在那裡了。」

「哎，看起來那只小黑狗很快樂啊。」

「因為它的想法很簡單，就希望能有個人陪會它。」

「哦……」我若有所思地回答。

我有很多想法，比如如何能讓茶樹長得快點，如何學習禪道才能成長等等之類的。很長一段時間裡，我都無法滿足自己的內心需求，不是我照顧不好小樹，也不是想走捷徑學禪法，而是我想得到和企圖完成的東西太多了。

可能這就是我看著別人都比我快樂的原因吧，不過，幸虧身邊還有我這幫師兄陪我成長。假如我一門心思想學禪，不再祈求那麼多，也許會獲得更多呢！

如柳絮般地分享生命

日子總是過得很快，一眨眼的功夫就到了四月份。桃花已經開成了粉紅色，嬌嫩了滿山的容顏。清春的綠色與芳華的粉黛交織在寺院對面的山上，讓我有種生活在仙境的錯覺。可能是佛祖覺得應該讓大自然更美麗一些，一揮手又加上了繡絨般的白紗。

我說的白紗其實是柳絮，這個東西很神奇呢。上次來的陳施主就沾了滿身的柳絮，陳施主說這柳絮就像下過雪一樣，只不過不會融化。上上次來的李施主也沾了滿身的柳絮，他卻說這柳絮像極了廚房裡的鹽，只是不能吃。

第一次知道柳絮是在七歲的時候，那天我正使出全身解數與一個和我年紀相仿的小施主周旋，原因很簡單，就是因為一包水果糖。我認為既然他媽媽送給我了就應該是我的了，而他則認為，雖然他媽媽給我了，但是在我還沒吃之前，依然有權利吃。為此，他大哭不已，我作為剛剛出家的小和尚，假裝很冷靜地在一旁站著。

待到他媽媽回來的時候，他已經哭得臉色發青，我已經饞得腸子綠了。師父責備地看著我，我倔強地看著水果糖，生怕他媽媽偷偷拿走。其實，假如把那包水果糖給我們兩個各分一半，我也能吃上一陣子了。但是我就是不甘心他搶走，那股自私的心理好像深入骨子一般。

「釋懷，你去西邊的禪房等我，我有話跟你說。」師父嚴肅地對我說。儘管平時愛跟我們開玩笑，但是他的威嚴也是一直都在的，聽到他這樣說，我知道肯定要挨罵了。反正都要挨罵了，我一狠心就抓了一把水果糖，大搖大擺地走了。

「小乖，不要哭了，媽媽回家再給你買。」身後傳來那位女施主的聲音，她沒有怪我。

外面飄著白白的東西，樹梢上，房頂上，就連水缸上都是。微風四起，一團暖絨絨的東西襲擊了我倔強的臉。我只覺得眼淚在一瞬間奪眶而出，我想不清楚自己錯在了哪裡。這滿世界的柔軟讓我脆弱的內心無法隱藏，我不再強硬地仇恨那個小施主了。我回頭看了一眼他，他正把手中的水果糖放回桌子上。我有些詫異，深呼了一口氣，向西邊的禪房走去。

「釋懷，你看見滿園的柳絮了嗎？」師父緊接著邁進了門口，問道。

「柳絮？那個白白的東西叫柳絮？它是什麼東西？」原來那個叫柳絮。

「是呀，那是柳樹的種子，柳樹需要風的動力把種子分享給大地，這樣它才能廣泛地傳播下一代啊，況且這樣才能保證它的正常生長。」

「分享給大地？不是它的種子嗎？」

「對啊，大地也將養分和水份分享給它了呢！所以，與人分享是很重要的哦。」

「師父，我知道您的意思了，我不該和他爭水果糖的。」

師父慈祥地看著我，我掏出了所有的水果糖，跑到那個小施主那裡，遞給了他。開始他一愣，之後開心地笑了。

在這幾年裡，他幾乎每個月都會給我帶來山下最好吃的食物，我也會給他留著山上最有趣的東西。我們成為了好朋友。

柳絮今年又開始在空中飄散了，我覺得更像被窩裡的棉花，溫暖親切，也像我們之間的友誼，善良而純潔著。

湖水中的自己

戒緣師叔負責的灶台需要生火，一時半會兒又找不到其他的幫手，上完早課就把我叫去了。我從來沒有過這樣的嘗試，於是弄得滿屋烏煙瘴氣的，一會兒跑去抱柴火，一會兒點火。終於在我焦頭爛額的時候，戒緣師叔的徒弟釋淨回來了，不久就幫著我生好了火。

正打算去找師父，就聽見佛堂前吵吵鬧鬧地發生著什麼事情。我快步跑上前去，原來是吵架了。

「誰讓你借錢不還？既然不還錢就別怕別人說啊。」這位是常來的陳施主，此時他正對著李施主大嚷著。

他和李施主都是寺裡的常客，聽師父說他們是從小一起長大的非常要好的朋友。

「我不就拖了幾天沒還錢嗎？有什麼了不起的？別以為借你點錢你就想說什麼就說什麼。」李施主也不甘示弱地還擊著。

「戒塵師父，您評評理，他欠錢不還，還怪我了？」陳施主貌似很理性地向師父詢問著。

「戒塵師父，我不是還不起那個錢，這不是最近手頭不寬裕嘛，就沒還錢，但是他既然這樣罵我，我也不會輕易原諒他的。」李施主也上前一步說道。

「兩位施主莫要著急，請隨我來。」師父端莊地對兩位施主說著，揮手走出了寺院，好奇心使然，我也跟在師父身後想一看究竟。師父看著我也跟來，沖著我笑了，看來師父允許我跟著出去玩了。

不一會兒就來到了寺院後邊的湖水旁，湖面倒映著美景，裡面有桃花，有綠森，有山峰。安靜如鏡，絲毫不會喧鬧，一個小石頭就能激起千層波紋。

「兩位施主請往湖裡看，那裡面有你們想要知道的答案。」

兩位施主都走到安靜的湖邊，向裡面認真地看去，我並不知道他們看到了些什麼東西。但是接下來發生的事情讓我瞠目結舌，陳施主走到李施主身邊，拍著他的肩膀說道：「李兄，對不起，我應該理解你的難處，不該在別人面前說你的壞話，請你原諒。」

「陳兄，你不要這樣說，都怪我，有難處應該提前說，不該不打招呼就私自不還錢的。」

「謝謝師父指點，以後不會再發生這樣的鬧劇了。我們先告辭了。」兩位施主有禮貌地向師父鞠了躬，轉身離開了。

「師父，他們為什麼突然和好了呢？」我跑到師父面前，問道。

「噗嗤…你自己去湖邊看看不得了。」師父一改剛才的智者形象，笑著對我說道。

我趕緊跑到湖邊，什麼嘛，湖裡只是照出了我的樣子而已。咦？我怎麼滿臉的黑啊，肯定是剛才在廚房弄的，難怪師父會笑。我托起湖水洗乾淨了臉，繼續問師父：「這裡有啥啊？」

「你剛才不是看見了嗎？我們很容易發現別人身上的缺點，但是卻忽略了自己的缺點，剛才兩位施主都有錯，還一個勁地指責他人，我只是讓他們看看他自己。」

「是不是就像我剛才看到了自己臉上的汙漬，就會去洗掉一樣？他們也認識到了自己的錯誤？」

「哈哈哈……」師父什麼也沒說，慢悠悠地朝寺院走去。

湖面依然靜謐，就好像一面鏡子，映出整個世界的本來面目，不添加任何情緒卻能將所有的情緒融化掉。真怕候鳥飛回來，激蕩起一層層的漣漪。

籠中囚禁著自由

春天已經過去一半了，天氣不再像初春時期那樣忽冷忽熱了。後院裡，後山上的花朵競相開放，紅色的，粉色的，黃色的一點也不媚俗。大地披上了一層嫩綠的衣裳，樹上的綠葉就像是點綴花邊一般，美麗極了。我也終於可以脫下厚厚的棉衣換上輕薄的春衫了。

師傅坐在禪房的櫥窗邊，望著外面的美景說：「外面陽光明媚，天高氣爽，真是個出遊的好日子呢！」

聽見師父這樣說，大師兄釋嗔將鼻子深向窗外，深深地吸了一口氣說道：「就連著氣息也變得好舒服呀！師父，咱們出去郊遊吧，聽王二施主說鄰村的梨花園可美了。」

二師兄釋癡雀躍地說：「是呀，師父，好不容易遇到這樣好的天氣，咱們不如出去享受下大自然的恩賜吧！」

釋貪師兄說道：「師父，我也想去⋯⋯」

師父看著我們幾個，搖了搖頭說道：「真是一群貪玩的孩子，要是你們學習佛法能這麼積極就不用為師操心了！不過，今天確實是個不錯的天氣，咱們就去釋嗔說的梨花園看看吧！」

我高興地拍著手說：「師父，您最好了！」

一路上，我們看到碧藍的天空上大雁正成群結隊地飛來，一會兒排成一字型，一會兒排成八字型，整整齊齊很有秩序，就好像我們聽師父講課時一樣整齊。

池塘裡沉睡的青蛙也蘇醒了過來，想必它們看見外面的世界一定驚呆了，春天好美呀！水中的魚兒開心地遊玩著，鴨子在水中盡情地拍打著水花，好像在告訴我們：「它知道春天的水已經暖和了呢！」

「嘰嘰……嘰嘰……」就在我們四處觀望之時，忽聞幾聲鳥鳴，我還以為是哪顆樹上招來了美麗的歌唱家，結果卻發現聲音是從一個鳥籠裡傳出來的。我驚訝地看了一眼師父，師父正默念著經文，為鳥兒祝福。擁有這只美麗鳥兒的施主看起來也就和釋貪師兄差不多大。那只美麗的鳥兒穿著一身淡黃色的羽衣，兩隻腿和小嘴巴都是火紅色的，一雙水汪汪的大眼睛。它望著我，似乎在訴說它想自由，想掙脫牢籠。我勇敢地對那位施主說道：「這位施主你好，這麼好的天氣你也來踏青嗎？」

「是呀，我看今天風和日麗，就想出來走走順便溜溜我的寶貝小黃。」說著，他低頭逗逗他的小黃，可是那只叫小黃的小鳥卻不怎麼配合他。

「原來這只漂亮的鳥兒叫小黃呀，你是不是很愛它呢？」

「那當然了，這只小鳥是我的伙伴。」

「可是我卻不這樣認為。」我聳聳肩說道。

「哦？你這個小和尚難道還是神童？你是怎麼看出來的？」

「師父說過，世界萬物都是遵循著自然定律生存的，比如魚兒要在水裡游，牛羊要在地上行走，鳥兒要在天上飛。你看這只小黃，它是一隻美麗的鳥兒，應該在天空中展翅飛翔，那才是它嚮往的生活。」

「可是，現在自然環境這麼惡劣，要是讓它自由飛翔，它會受傷害的，要是它不回來了，我就見不到它了。」

「但是，那才是它原本的生活呀，你不能因為你的私心而限制了它的生活，而且你這樣做並不是愛它。」

「那我…放了它吧。」

在我苦口婆心地勸導下，他終於決定還小鳥自由，在打開籠子的那一刻，我似乎看到了小黃光亮的眼睛在想我致謝。

師父微笑地看著我，我知道這次我做對了。

為小雞送行

千金殿上，正跪著一個人，他好像在向佛祖訴說著什麼，看樣子他正被什麼事情困住，很痛苦。我和釋貪師兄正打算來前殿禮佛，就看到這樣一幕。

我和師兄對視了一下，剛要躡手躡腳地走進前殿，就被師父抓住了。

「你們在幹什麼呢？還想偷聽施主和佛祖的對話？膽子不小啊。」師父揪著我們的耳朵，小聲地說道。這個時候要是大聲嚷嚷，就丟和尚的臉了，師父才不會那麼傻呢！

「要想偷聽也可以，那就得排在我的身後。」師父真是老奸巨猾啊！他向身後指了指，我們便乖乖地站在了後面。

就在我們準備進去偷聽時，那位施主突然站了起來。師父馬上轉換了模樣，慈眉善目地走上前去說道：「這位施主，遇到什麼不如意的事情了嗎？」

「別說了，今早我去院子裡曬被子，不小心把我家剛出生的小雞給踩死了。心裡可難受了，上寺裡來給小雞祈禱祈禱。一方面是為自己贖罪，一方面是希望它一路走好。」聽見師父的聲音，他正過身來，我們這才看清楚，這不是山下的黃大伯嗎？他可是出了名的大善人啊，全村很多人都受到過他的恩惠。

「黃施主，您可真是不小心，這麼小的生命就在你手裡結束了。」釋貪師兄不合時宜地說著。

「釋貪，怎麼說話呢！黃施主不要生氣，小孩子說話不當真，別往心裡去！」師父為師兄打著圓場。

不當真「小師父說的對啊，我傷害了一條生命，就算是在這裡待上一個月也不能夠抵那罪過啊。」黃施主被師兄一說，更難受了，連我都看得出來。

「其實黃施主不必放在心上，生死由不得人。何況你也不是故意而為的，而且你也在這裡承認錯誤了。下次注意就是了，沒必要再為已經發生的事情而懊惱。」師父意味深長地說道。

「可是⋯我過意不去啊。」

「有什麼過意不去的？雖說那是一條小生命，但畢竟已經死去了。誰也沒有起死回生之術，你如此介意已經發生的事情，這是在折磨你自己啊，不如放寬心，一起為小雞送行吧。希望佛祖能保佑它早日投胎。」

「師父說的是，我應該放下過去的事情，好好生活。那就麻煩你們一起替小雞送行吧。」

偉大的師父真是悟透了禪道的精髓，我們還在為小雞的死惋惜時，他早已看透了這一切。

大殿裡回蕩起美妙的佛曲，為一隻意外死亡的小雞，為一場無法改變的事情送行。

傳球遊戲的奧祕

今天師父說換種方式上課，讓我們去後院等著，真是新鮮事呀！不一會兒，師父就拿著兩個皮球，走了過來。

「今天的課很簡單，你們自由分成兩組，我當裁判，傳皮球。」師父輕巧地說著。

「哈？師父，今天的課是傳說中的體育課嗎？這麼難得的體育課，您居然就讓我們傳皮球？而且，還有一個是髒的。」釋嗔師兄詫異地叫嚷著。其實我們也蠻詫異的，不過沒他那麼大反應。

「怎麼？不願意的話就回大殿禮佛。」

「額，好吧，我還是傳球吧。」一聽說要回去禮佛，釋嗔師兄立刻答應了。

「那好，釋嗔和釋貪一組，釋懷和釋癡一組。你們從我這裡選擇一個球，然後我說預備開始，你們就相互傳球。比哪一組更快。」師父早有準備啊，立刻安排好了我們。

「我選那個髒球吧，師父，徒弟可知道讓著弟弟們了。」釋嗔師兄說著就拿走了髒球，我分明看到他在陰笑，釋貪師兄要倒楣了。

就這樣，在激烈地相互傳遞中，五分鐘過去了。

「停，大家把球還給我。彙報一下你們各自的成績。」我們各自彙報完成績，就被師父叫到跟前：「你們知道我為什麼讓你們玩這個遊戲嗎？」

「我知道，師父在告訴我們，在信奉佛祖的同時也要常鍛煉身體才行！」我搶著發言說道。

「嗯，釋懷說得對，我們要經常鍛煉身體，才能保證身體健康。其他人有沒有啟發？」

「在選球的時候，我們要相互忍讓，在遊戲當中，我們要團結合作。」釋癡師兄說道。

「好，你們都長大了，懂這麼多了。我來告訴你們一些道理吧。釋嗔、釋貪你們看看你們的衣服。」

兩位師兄這才意識到自己的衣服上全是髒球上的汙漬，看起來真噁心！

「呀，這是什麼啊？」

「哇，髒死了！」

「呵呵，知道你們的身上為什麼是髒的嗎？」師父問道。

「還不是為了讓師弟們玩上乾淨的球嗎？」

「我怎麼覺得你故意想弄髒釋貪呢？」

「我…」

「其實，當你想以惡意對待別人的時候，你所得到的一定也是惡意，這就是傳遞。如果你把善心傳遞給別人，你得到的一定是善心。今天的課就上完了，大家各自忙吧。」師父說完這些大道理就離開了。

釋癡師兄看著兩位師兄身上的汙漬，責怪地說道：「看吧，不聽話，活該弄髒了衣服！」說完，抱著那兩個球離開了。

「三師兄，等等我啊…」我邊追邊喊著，其實我就是想告訴他，抱球的時候，他不小心弄到臉上了。

火焰和星星哪個亮最久

由於我勤奮地學習，頭腦聰敏，很快就學會了很多深奧的道理。我高興地向師兄們炫耀，但是他們好像嫉妒我一般，都不再願意理我了。反正我現在超越了他們，就讓他們羨慕去吧！

夜裡，我獨自坐在禪房裡讀經，正起勁呢，就聽見師父叫我出去。

「師父，什麼事啊？」我問道。

「你師兄他們呢？怎麼不和你一起讀經？」

「我不知道啊，最近他們都不願意跟我在一起，不知道怎麼了。」

「哦，那你就幫我抱些柴火來吧。」

我從廚房抱來一些木柴，師父讓我點著，我也聽話地做了。

「釋懷，你說是天上的星星亮啊，還是這堆火焰亮呀？」

「當然是這堆火焰了，師父為什麼這麼問？」

「那你說，火焰與星星哪個能長久下去呢？」

我仰望天空，夜空中繁星閃爍，安靜地點綴著黑夜。我說道：「應該是星星吧，因為儘管火焰熊熊燃燒，星星默默不語。但其實星星才是永恆的。」

「釋懷，你的悟性很高，怎麼在這件事上悟不透呢？」

「哪件事啊？師父，我不明白您說的意思。」

「你每天大肆宣揚你悟出的道理，得意洋洋，不就跟著火焰一樣亮嗎？你師兄們從沒跟你爭，因為他們知道，真正的佛法是宣揚不出來的。」

「師父，我知道錯了，以後我也要低調，認真努力的學習佛法。不再驕傲自滿了。」

「這就對了，快去找你師兄們吧，他們都在大殿呢！」

「知道了，師父，我這就去。」

我一路小跑去大殿，似乎很久沒和師兄們談心聊天了呢，不知道他們會不會責怪我過去的傲慢。朗朗星空為我指明方向的時候，似乎格外的亮呢！

膝蓋彎曲的方向決定你的價值

一隻鳥飛來停在我的窗臺上，紅色的嘴灰色的背，長長的尾羽翹得老高，一雙褐色的細爪帶動著整個身軀在我窗前從容的溜達，眼珠亂轉，頭部隨之擺動。

我盯著它看，它也盯著我看，我們之間沒有話要說，又好像有很多疑問，我想知道它為什麼會來到我窗前，天底下那麼多鳥，天底下那麼多個人，為什麼會是我倆？這就是緣嗎？我會因為邂逅過一隻鳥而相信緣，而這鳥呢？它會相信緣嗎？

還有，它的膝蓋，就是它爪子的一部分，在那個原本是膝蓋的地方，或者長得像人類膝蓋的地方，它的彎曲方向不同於人類。人類的膝蓋彎曲，後腳跟和大腿貼近，而它的膝蓋彎曲，卻是前腳背和大腿貼近，所有的人類都是這樣的彎曲，而所有的禽類大概也是這樣反方向彎曲，同樣是兩足動物，僅僅是因為膝蓋彎曲的方向不一樣而生活的方式也不一樣嗎？一個地上，一個天上。

佛經裡沒有告訴我這個，就我所知，人的膝蓋雖然同樣是彎曲向前，有的人彎曲的蹲下了，他可能是為了撿東西，也可能是為了更方便，有的人膝蓋彎曲卻是跪了下來，即使是跪下來的人也是不一樣的，有的人跪拜佛，有的人跪拜財神，有的人跪拜月老，有的人跪拜父母，有的人跪拜君王。覺悟、金錢、愛情、親情、忠義等在每個人的膝蓋下有著不同的朝向，我每天禮佛，只須將膝蓋往佛前一彎，便把自己交了出去，無垢無淨的世界裡跪與不跪只是一種形式，膝蓋軟不軟決定了終生的形象。

聽師父說古時候的忠臣壯士身處敵營絕不向敵酋跪拜，死時都會向著家國的方向，這樣的人一定是膝下有黃金的，而那些膝蓋軟的人，自削脊樑、自剜髕骨跪倒在刀鋒和金錢下的人在他們面前終究是抬不起頭來的。

信仰什麼便跪拜什麼，只是選擇一個膝蓋彎曲的方向而已，這樣一個選擇為難著世上無數的人，我問佛，為什麼世人面對選擇會如此艱難。佛不語，我問自己，於是我在我與佛之間做出了選擇。

不往壞處想就沒有壞事

在我的記憶裡，我從來沒有留過頭髮，我的師兄弟們也都沒有留過頭髮。因此，我從來也不覺得光頭有什麼不好。可是，上次遇到的小志施主卻哭著說不要留光頭，我還問他為什麼不喜歡留光頭，他回答說光頭讓人家笑話。

我長這麼大，聽到過三種關於「光頭」的解釋：一種是和尚，也就是出家之人，比如我們；一種是犯人，也就是正在看守所裡面的人，因為和別人起爭執，而誤傷了對方，比如王施主；還有一種就是罵人的話，在村子裡要是說誰是「禿子、光頭」一定會惹來口舌之爭的。

小志後來還是剃了光頭，因為他媽媽說夏天小志容易長痱子，不剪頭髮肯定不行。後來，小志經常被村裡的小朋友嘲笑是「小和尚」、「小禿子」、「犯罪嫌疑人」。小志也因此悶悶不樂了好久。我一直想不明白，不就是光頭嗎，至於這麼複雜嗎？我也經常被不明事理的小孩子稱「小禿子」。

有一次，我和師父出門，遇到一個醉漢。他指著師父的鼻子罵道：「老禿驢，別以為你是和尚我就不敢罵，你當和尚怎麼了？你不也得吃飯睡覺嗎？神聖個什麼，還不如喝壺小酒來得痛快！快來陪我喝酒。」

我聽了之後，覺得特別的好笑，差點笑出聲來。但是一想到師父被這樣侮辱，我也是很氣憤的。師父卻跟沒聽見一樣，微笑著繼續趕路，我很奇怪地問師父：「師父，那個醉漢施主罵您，您沒聽見嗎？」

「哦？他是在罵我嗎？我以為他是在跟我打招呼呢！所以我就沖他微微一笑。」

「他說：『老禿驢』，我聽見了。」

「誰說『老禿驢』就是罵人的話？他明明就是在向我打招呼，他是個醉漢，這樣稱呼我已經算是尊稱了，我很開心。」

「人家明明就是罵你了，你怎麼還能笑。」我都替師父不平，這要是釋嗔師兄在，早就和人家理論上了。

「你沒聽說過要寬恕他人嗎？每句話在不同的環境下，意思也是不一樣的。他是個醉漢，我們為什麼要跟他一般見識呢？再說了，每件事物都有兩面性，你要是非認為那句話是罵人的話，我也沒什麼好解釋的了。但是負面的情緒和想法必然會引發負面的結果。有時候，我們放寬自己的胸懷，任何難以理解，難以承受的行為都變得輕易了。」

透過這件事，我更加確定稱呼不分好壞的理論了。自己不往壞的地方想，壞的情緒自然消失不見了。

三人成虎惹的禍

最近一直在看一本成語詞典，裡面有這樣一個詞語特別有意思——「三人成虎」。開始我還以為三個人在一起，就像一隻老虎那麼厲害。可是看了解釋之後，我才發現並不是那麼回事。

三人成虎的故事是這樣說的：從前有位施主，說他在樹林裡見到一隻老虎。村子裡的施主都不相信，因為老虎根本不可能生活在他們那裡。過了一會兒，又有一位施主從樹林裡穿過，說確實見到了一隻老虎。這個時候，村子裡的施主們開始半信半疑。又過了一會兒，另一位施主也說看見了那只老虎，結果全村子的施主都相信了！

這是個很神奇的事情，其實事情的發生只是因為一位施主說了謊話，另外的兩位施主為了表現自己的突出也這樣說著。結果，這個村子因為這只無中生有的老虎鬧得沸沸騰騰。這個現象我也解釋不了，我只能說這確實是施主們的普遍心理。

今天早上，就有施主到寺裡來鬧事，說戒緣師叔早上在買菜的過程中，偷了他的菜。開始，我們都不相信，都為師叔爭辯，以為是這位施主冤枉了戒緣師叔。

但是，當很多村民前來作證的時候，我們遲疑了。

「師弟，你到底有沒有拿施主家的菜？」師父也開始動搖了。

「師兄，各位施主，出家人不打誑語，更別提偷東西了。我真的沒拿。」師叔一臉無辜地回答道。

「難道這些村民也冤枉你了嗎？他們都看到了。你講講詳細的過程，還自己個清白吧。」師父嚴肅地說道。

「早上我確實在這位施主家買過菜，過程中正巧碰上寺裡的常客宋施主，他也在買菜，還讓我幫他拿著兩捆菠菜以便他挑菜。要不是他，我還能早回來一會兒，之後他非得送我一捆菠菜，我推辭了半天，最後還是要了，之後就回來了，根本沒拿這位施主家的菜。」

「這位施主，你家少了什麼菜呢？是不是菠菜？」師父詢問那位施主。

「這個…我也不清楚，聽王二說他親眼看見戒緣師父拿了菜，沒付錢就走了。我還沒來及看呢，就追上來了。我現在回去查查。」施主尷尬地走開了。

其他村民也都散開了，我很奇怪，剛才村民們不是都說親眼看見師叔偷菜了嗎？怎麼現在又說不出是什麼菜了呢？

下午的時候，那位施主一個人來到寺裡，找到師父和師叔，滿臉愧疚地說：「實在抱歉，我不該聽信王二的一面之詞，王二見我家的生意好，就故意騙我。好讓我沒心思賣菜，早上村民們也是聽了王二的話才認定戒緣師父就是小偷的。真是對不住。」

「事情終於弄清楚了，可算是還我清白了，不然寺裡的師兄弟們怎麼看我呀。」師叔深深地呼了口氣。

這就是現實版的「三人成虎」吧？其實，都是誤解惹的禍，有的時候，我們不聽信他人的偏見也是很難的。

我們的努力奮鬥只是為了競爭嗎？

「師父，咱們寺裡也舉行個表彰大會吧。人家小豆豆說他們學校經常有各種活動獎勵同學們，大家都很用心呢！」為了更好地鼓勵學生們積極向上，學校裡經常會舉行各種各樣的嘉獎活動。我向師父這樣建議，主要也是因為生活實在太無趣了。

「哦？是嗎？那咱們寺舉行表彰大會的目的是什麼呢？」師父反過來問。

「當然是為了督促大家啊。不如咱們舉行個活動吧，包括背誦經文比賽、比武競爭、下棋對手等環節。這些都是小豆豆他們學校經常舉行的環節。」釋貪師兄馬上積極了起來，插了一句。

「嗯，這也不失為一個好事，正好可以規整一下你們這幫調皮鬼。」師父點點頭默許了。

第二天上早課的時候，師父就宣佈了這件事，規矩很簡單：在兩個星期之內，大家為了自己的項目努力，比賽誰贏了就為誰頒獎。本次活動的環節有：下棋、背誦經文、比武、勞動、文明禮貌。

大家聽到這個消息，都紛紛來釋貪師兄這裡報名參加。釋嗔師兄參加了「比武項目」，釋癡師兄參加了「背誦經文項目」，釋貪師兄也給自己報了個「下棋項目」。眼看大家都選擇好了適合自己的項目，我還在發愁到底自己選擇什麼更好，比武、背誦、下棋都不是我的強項，只有榮譽獎我還能努力一下，於是我就報了一個「勞動模範項目」。

不過，報完名我就後悔了，這兩個星期師兄們一定忙著研究各自的項目，我豈不是要承擔所有的勞動才能拿到這個獎項？「別發愣了，你要是再不去幹活，獎項就讓釋淨拿去了！」釋貪師兄邊收拾名單邊對我說。

「慘了，慘了，我趕緊去收拾！」說完，我就大步跑進了屋裡。

這兩個星期可把大家累壞了，就拿釋嗔師兄來說吧，整天除了吃飯睡覺就是練武，弄得衣服髒兮兮的還得我來洗！釋貪師兄為了拿到「棋聖」的名譽，連吃飯都在琢磨棋譜，釋癡師兄更是白天晚上拿著經書不停地背誦。我也不例外，連角落裡的一個紙片也不放過。師父看到這樣的我們，嘲笑地說：「你們快忘記初衷了，出家人卻為了名譽如此拼命，倒不像是能起到鼓勵大家向上的作用。」

「師父，您這樣說就不對了，您根本就不知道我們這麼長時間來所付出的努力。到了比賽那天，您就能看到我們努力的結果了。」釋嗔師兄邊抻胳膊抻腿邊說著。

「要是這次比賽結束了，你們還會不會這樣勤奮呢？」師父問道。

這個問題我們都沒在意過，但我本來是打算比賽結束之後，好好休息一陣子的。「你們要是僅僅為了比賽，就沒有意義了。我做這次活動就是想看看你們是否開悟，結果你們全部都很在意獎項而不在意事情本身。這是為了督促大家在日常生活中養成良好習慣和學習態度的活動，可是看看你們，下棋的就不練武，練武的就不幹活，幹活的就不背誦經文。」師父一臉不屑地看著我們。

望著搖擺的樹葉，忙碌的自己突然靜止了。我們每次的努力和奮鬥僅僅是為了一場競爭嗎？

眼見不一定為憑，不要輕易評價別人

最近不知怎麼回事，好幾次下山都能聽到村民們再談論一位叫彭莉莉的施主，大家口中都對她讚賞有加。剛開始我還以為這位叫彭莉莉的施主是眾人追捧的大明星，後來從師兄那裡得知，她其實就是鄰村一位普通的施主。那究竟為什麼她會成為眾人談論的對象呢？這還是從那件事情之後，我才瞭解的。

那天，我像往常一樣去山下遊玩，順便想去看下剛剛盛開的油菜花。當我走到油菜地前時，突然看到有一個女施主騎著自行車飛奔過來，撞到了路過的慶施主。還沒等我反應過來，女施主就已經騎車走了，根本不管還在地上呻吟的慶施主。幸好只是自行車撞到的，沒什麼大事。

這件事情不光我一個人看到了，還有一些在地裡幹活的村民也看到了。他們開始議論：「彭莉莉怎麼可以這樣，就算是怕慶施主賴上她，也不能當什麼也沒發生過吧！以前還以為她是個完美的女人呢！真是看錯了。」

原來她就是村民口中的彭莉莉，我看她一點也不好，撞了人還跑，連句對不起都不說，真是想不清楚為什麼那麼多村民都說她好。

這件事情就這樣傳開了，很快連寺裡也開始流傳兩種說法。一種是見到彭莉莉捨己救人的英雄形象，一種是肇事逃逸的小人形象，在施主們的口中渲染誇大。最後，支持她的人說她就是位女菩薩，在家孝順，在外得體，更有人誇張地說她每天都會做善事來為自己積福，根本不可能會做不好的事情。不支持她的人則說她虛假，偽裝，在別人面前表現得多麼好，其實只是為了做給別人看，還有人說她對自己的婆婆一點都不好。儘管我是出家人，但作為親眼目睹她撞人逃跑的我，還是覺得她不是什麼好人，最起碼不會像那些支持她的人說的那樣偉大。

最後，這些議論還是傳到了她本人的耳朵裡，為了保衛自己的人格，她特地來到我們村子，澄清了事實。原來，那些支持她的施主，都是在見到她幫助一位老人四處尋找親人的事情之後開始對她讚賞有加的，其實他們都不知道彭莉莉施主之所以幫助這位老人，是因為這位老人曾經也幫助過她，而且還是她年輕時候的老師。而不支持她的施主，就是見到了她撞人逃跑的事情才對她有了歧視，其實她當時撞了人很慌亂，她就趕緊騎著車子去村裡叫醫生，走時沒來得及跟慶施主打聲招呼，結果回來一看，慶施主已經走了，她的心裡也難過了好幾天。

這些事情，聽起來很合理，幫助別人並非是無償的做法，逃跑也並非想脫罪。

這麼一解釋覺得她似乎就是個極普通的女施主而已，沒什麼了不起。至於為什麼她的事蹟會在我們村流傳這麼久，沒有人能解釋的清楚。但是有一件事是清楚的，就是不要輕易地去評價別人，儘管你可能親眼看見那件事情的發生，就像我一樣，到現在才發現那種自以為地評判會給別人帶來多大的影響。

想到這裡，我忽然又想起了田裡的油菜花，我上次去是打算看油菜花的，卻因為我心中想像的醜惡而忽略了自然的美。我還是該去瞧瞧那成片的油菜花，它們或許正晃著淡黃黃的小腦袋嘲笑著我這次的錯誤判斷呢！

不捨舒服的床

終於有幸陪著師父去縣城啦，我興奮得一晚上都沒怎麼睡覺，就算睡著了也是夢到已經到了縣城裡。淩晨四點半，我就爬了起來，穿好衣服等待出發。這時，天還濛濛亮，天空在啟明星的帶領下，逐漸變成了泛白的魚肚皮。地平線露出一絲朝陽的光彩，我更加按捺不住了！

以前聽小青施主說過縣城的模樣，果然這裡有很多高樓大廈，比寺廟還要高出好幾倍。抬頭仰望，根本就看不到邊，最多就是被太陽光刺痛雙眼而已。

師父之所以允許我來，是我多次軟磨硬泡的結果，他老人家是來參加一場佛法宣揚大會的。

一路上，我們又是步行，又是坐車，真是把我折騰夠嗆的，下車了還是有些暈呼呼的。「師父，汽車真不好，坐上去讓人直想吐。還是這大床舒服呀，我要先睡上一會兒了。」可能是前天晚上，我太過興奮沒睡覺，也可能是坐車的緣故，總之我一趴在旅店的床上，兩個眼皮就開始打架了。

「你先睡一會兒吧，這有些飯菜餓了就吃。我先去開會，等我參加完大會，再帶你出去買點吃的，逛逛街。」師父說完，就出門去了。

等我醒來的時候，已經是下午三點多了。我吃著師父留給我的飯菜，感受著縣城的氣息。正當我焦急師父怎麼還不回來時，師父推門進來了。「師父，你可回來了！縣城裡真好，人人都穿的靚麗光鮮，飯菜也好吃。這大床也好舒服呀，睡在上面就像就睡在棉花裡一樣，軟軟的。」

「你睡醒了？在你眼裡縣城的什麼不好？」師父說。

「汽車就不好，師父，咱們寺裡的床為什麼不弄成這樣的？」

「你拿這張床做什麼？」

「當然是睡覺了。」

「我剛從大會上開悟了個道理，我說說你看理解不。衣服的用處是幹嘛？保暖。食物的用處是幹嘛？填飽肚子。床的用處更好說了，就是睡覺。你只不過拿衣服來保暖，食物來填饑，床鋪來睡覺，何必追求新鮮和高貴呢？」

「這是個什麼道理呀，雖然道理是這樣，但是這裡的床鋪比寺裡的舒服很多呀，怎麼能一樣呢？」

「那如果寺裡都換上這樣的床鋪，吃上這樣的美食，那我們還修行嗎？早上還有人起得來上早課嗎？」

師父說得也對，我不該貪圖這些虛無的舒服，但是我還是有些不捨。看著我不太情願的眼神，師父決定帶我去縣城最繁華的大廈看看。

有時候，我還真的會忘記自己是在修行，有些欲望還得需要控制呀！

用微笑迎接逆境

夜晚，寺裡又恢復了神聖而寂靜的姿態，完全看不出白天有香客來往的痕跡。這都得歸功於我，因為師兄們把打掃院子的工作一直留給我一個人。每次師父看到，就會斥責他們，但是他們根本就不聽。到後來，我乾脆一個人，也不抱怨了。

我把禪房的燈打開，挨個沏好了茶，就等著師父和師兄前來了。這是我們每週的座談會，大家把這一周遇到的煩心事，想不通的事情，發生了什麼事都說出來，大家一起聊聊。其實，師父舉行這個會議說白了就是想及時瞭解我們的情況，以防止我們走入歧途。

「大家最近一段時間玩得很瘋呀，就連釋懷也不愛跟在我身後了。那大家都說說最近都做了些什麼事，看到了些什麼事吧。」這幾天確實沒怎麼追著師父，因為最近小青施主不上學，我陪她玩去了。但這些事情還是不說比較好，我吐了吐舌沒出聲。

「師父，弟子最近總是往山下跑，因為弟子的朋友小孟施主回來了。」釋癡師兄誠實地回道。

「哦？他不是上班了嗎？」師父將身子動了動，面向釋癡師兄。

「前不久他來找我，跟我說了很多話，說什麼他原本想好好努力，考到大城市去，然後不會來了。但是卻不料自己只不過是普通大學生之中的一枚，有個工作就不錯了。進了單位才發現，公司裡的爾虞我詐太高超，自己應付不來，所以經常遭到排擠，如今一個人要做三個人的工作呢！」釋癡師兄點了點頭說道。

「哎，社會就是如此，不然我也不會想看破紅塵啊。」

「是呀，我每次見到他，都想安慰他。不過昨天我見到他，簡直就像變了一個樣子，真是奇怪。他說已經辭掉了那份工作，找到了一家更有實力的企業，並且他是在數百人中間脫穎而出的。」

「阿彌陀佛，善哉。他的修行得到果實了呀。」師父笑著說道。

「我也覺得是，可是他卻堅持在原來的工作崗位上義務做一個月，他說儘管老闆和同事總是排擠他，但是為了保證原來的老闆能夠有充足的時間調動人手，他這樣做了。」釋癡繼續說道。

「哎？為什麼還要幫他原來的老闆呀？要是我，早就不幹了！」釋嗔師兄就一旁插嘴。

「小孟施主宅心仁厚，他是在用自己寬大的胸懷為自己積德。其實，要不是人家老闆和同事這樣苛刻地對待他，或許他現在還是個安於現狀的新人，而現在他卻成為了被人認可的人才，該感謝他們。小孟施主都看的清楚，你們怎麼還迷糊呢？真是該多學習啊。」師父輕聲地對釋嗔師兄講。

我和釋貪師兄在一旁聽著，沒有大聲插嘴。我翻著白眼偷偷地問釋貪師兄：「難道遇到困難要感謝不成？那我豈不是要感謝你們不幫我打掃院子？」

「看來是的，以後類似這樣的事情都交給你做，師兄最疼你了。」釋貪師兄面無表情地說出了一句讓我流汗的話。我還真是被人欺負還沒話說。

經過歷練才能發現自己的潛力

「其實，作為出家人，是不該拿著鏡子一個勁地照的。師兄，您是不是該反省一下？」我一臉鄙夷地看著正在照鏡子的釋貪師兄。

自從釋貪師兄在小街撿到這面小鏡子，就每天愛不釋手地照著鏡子。他簡直都忘記自己是個和尚了，又沒頭髮，又沒好看的衣服。他好像以為只要這麼照照就能變好看了一樣。

「別說話，我在研究我的眉毛，你不覺得它們剛勁有力嗎？」釋貪自戀地說著，基本忽略了旁邊我的眼神。

「你瞧這鼻子，過去我竟然對我的樣子那麼不熟悉，真是對不起優秀的它們呀！」他繼續自言自語道。

「要是這眼神能殺死人，我就罪過了。你倒是出聲呀，我和你說半天話了，沒聽見呀？」他忽然發現我沒吭聲，說道。

「師兄，是你說不讓我說話的，現在又怪我不出聲，我去找師父！哼」我實在是無法忍受這樣自戀的師兄了，決定「三十六計走為上策」。

「別，別，我的好師弟，我不照了還不行麼。」釋貪師兄還以為我要去告狀，連忙換了一副表情。如果他能把他的表情研究透徹了，也算是修行到位了！

「師父，在幹什麼？」我和師兄一起問道。

「我想把這幾壇泡菜挪到牆角去，正愁沒人幫忙呢！你們來的真巧呀。」師父很合時宜地給我們讓開了地方，擺在我們眼前的是十幾壇泡菜，看著就很沉。

「師父，這哪是幾壇，分明是十幾壇！我們那裡挪得動？」釋貪師兄推辭地向後撤了一步，我也跟著後退了一步。

「你們要相信自己，或許你的潛能連你都不知道呢！」師父依然貌似蠱惑地說道。我們也沒法再推辭，於是只能硬著頭皮去做了。

沒一會兒功夫，十幾壇泡菜居然真的讓我們挪過去了！就連師父都露出了讚賞的目光。

「其實，你們身體裡面都有另外一個自己，可以做出意想不到的事情。你們瞧，這麼龐大的工程不也完成了嗎？」師父見我們挪完了，不慌不忙地從屋裡出來說道。

「像這樣的自己，我還是不想認識呀！太累了！」釋貪喘著氣，擦了擦額頭上的汗說道。

其實，我覺得師父說的沒錯，每個人都有很多個自己。只有在生活中，經歷過一些事情，才能知道自己還存在什麼樣的潛力。而不是像師兄一樣，整天照著鏡子以求發現更加美麗的自己。

看淡誘惑才能克制誘惑

我和師兄們在一起玩，總是覺得自己很無知，每次都要他們教育。今天，他們去什麼野餐，也邀請了我，釋貪師兄說這次瞞著師父的野餐還是第一回。參加者有釋貪師兄，因為就是他出的主意，還有釋嗔師兄，釋淨和我。

釋貪師兄偷偷地對我說：「告訴你吧，我之所以邀請你們這幾個人來，是有原因的！」

「什麼原因？難道在寺裡只有對我們三個才是真心的？」我吃驚地問道。

「當然不是了，因為釋嗔師兄可以幫助咱們趕走前來圍觀的小施主們，釋淨又可以偷偷把廚房的東西拿出來野餐用，而你…就是為了在師父發現之後求情的法寶！哈哈，我是不是很聰明，咱們四個相互合作，一定是天下無敵！」釋貪師兄滿心歡喜地覺得自己的想法絕妙，但我只覺得被人利用了，不過，先不說這個，吃的最重要！

「師兄，說了這麼半天，到底咱們吃什麼呀？」我問道。

「今天，咱們帶來了很多菜和戒緣師叔做的面餅，但是有一樣東西是你沒吃過的，很多人都愛吃，有白色的還有紅色的！不要告訴師父哦。」釋貪師兄一臉壞笑地對我說。

難道是肉？一經他的形容，我立刻想到了唐施主家賣的豬肉，都是紅白相間的。釋貪師兄不會要帶我們犯戒吧？雖然，這可能不是他們第一次偷吃，但畢竟我還是個小孩子，我說怎麼不叫釋癡師兄一起來呢？他們肯定是知道釋癡師兄一定會告密的。不過，話說回來，我還真的挺好奇豬肉是什麼味道的呢，為什麼和尚單獨就不能吃肉？既然機會擺在眼前，我還是選擇珍惜好了，要是被發現了我就說是被釋貪師兄給誘惑的，這樣師父對我的懲罰就會輕一點了，想到這裡，我便開始積極地配合釋貪師兄的工作。

還時不時地問：「釋貪師兄，咱們要吃的東西你是怎麼弄到的？真有你的，這種事情還想著我！」我沒敢直接說出來是肉，因為我怕被別人聽見告訴師父。

不久，我們的鍋就開了，裡面的香氣撲鼻而來，釋貪師兄給我撈了一塊，真的是肉！就在這時，我突然想到了師父對我的教誨，不能吃！不能吃！可是，看著那塊油晃晃肉，我咽了一口唾沫，這是太誘人了！

就在我還猶豫不決的時候，釋嗔師兄、釋貪師兄都開始大口大口地吃了起來，再看看釋淨，他也像我一樣，想吃又不敢吃。我猜他也是這個隊伍裡面的新人，不過，既然我們都坐在了這裡，就沒有理由不嘗嘗肉的味道了，我夾起一塊肉，放在了嘴裡。那是一種從來沒吃過的味道，太香了！我還是沒忍住！

釋淨看我吃了一塊肉，他也吃了一塊，我們四個就這樣成了拴在一根繩上的螞蚱。有些時候，誘惑真是無處不在，越是想克制，越是深深地陷了進去！

越是在自己身邊的東西越容易被忽略

「咚……咚……咚……」寺裡的鐘聲響起來了，終於解救了正在埋頭苦背經書的我。我渾渾噩噩地站起身來，走到飯堂。

「你這個佛珠的顏色好暗呀，是誰送給你的？」

「暗嗎？我怎麼不覺得，就是上回那個陳施主送給我的。」

耳邊傳來各位師兄的談話，可是我一點也不想多嘴，因為我實在有些累了。

眼看著飯菜都上齊了，我卻發現自己沒有筷子。師兄們也顧不得別人，都狼吞虎嚥了起來。

要不是為了苦練修行，我才不會把自己累成這樣呢。不過，按理說戒緣師叔知道我的努力應該給我單獨做一份飯菜，怎麼連筷子都沒給呢？

正在我找不到筷子又去拿了一雙回來之後，才發現自己的手裡躺著兩雙筷子。這是怎麼回事？

「看你背經書都糊塗了，我看你半天了，拿著筷子四處找東西，結果又拿了一雙回來。」釋貪師兄咽了一口飯，說道。

「把你嘴角上的米粒拿掉好嗎？我看著更吃不下飯去。」我面無表情地看著他，那嘴角的一粒米上下晃動著。

「你知道嗎？越是在自己身邊的東西越容易被忽略，比如我在你身邊想安慰你，你卻這樣對待你的二師兄。」他迅速地抹掉臉上的米粒，接著說道。

「誰讓你每天照鏡子看不到我的，也不帶我出去玩，害得我不小心打翻了水缸，然後弄了一身水還被師父責罵，最後被叫去背經文。」我撇著嘴說道。

「不是我非要照鏡子，是裡面那個人太吸引我了，而且，師父說讓我好好照照鏡子認清自己的樣子。我也是聽師父的話。」

「師父那是讓你別不自量力，多學知識不要老是玩。」我嚼完嘴裡的豆腐，說道。

「這不也是給你的好機會，讓你小小年紀就和我們的道行一樣高了。」

「你們兩個不要無視身邊的我好麼？飯桌上不讓開口聊天，快吃飯！」師父嚴厲地對我們說道，雖然聲音很小，但是力量卻很強大，我和師兄再也沒敢說話。

我突然發現身邊好像存在很多事物，只是看在眼裡的只有那麼幾件而已。就好像這雙多餘的筷子，它一直在我的手裡，只是我不懂得發現它。就好像師父就在這裡吃飯，我和師兄都忽略了師父一樣。像這樣的事物和人，我究竟忽略過多少呢？是否能在背誦的經文中找到答案呢？

想到了還沒背完的經文，頭腦又開始不清楚了！

別人適合的不一定適合你

張施主的家境比較富裕，常常會帶一些東西贈與我們。但是其實做好事的人並不一定人品就好，我們寺裡的僧人有大部分都不喜歡他。

其實他也不是兇狠殘暴的壞人，而是喜歡炫耀。比如今天買了個什麼什麼牌子的手提包，昨天買了一條多麼貴的腰帶。上次他說在電視上看到雙名牌鞋，明星們都穿著它，很帥氣。今天他又來炫耀了，聽說是買了那雙絕版的名牌鞋子。

「看見了麼？這是什麼什麼森親筆簽名的。你們猜猜值多少錢？」他揮著那雙掛滿金鏈的手腕，揚著頭問我們，在我這個角度只能看到他的下巴和鼻孔。

「張施主，這個鞋多大的呀？我怎麼覺得你穿著這麼小呀？」心細的釋癡師兄發現了個問題。

「額，那個，我穿著正好，不用為我擔心這個。」張施主好像並不想讓我們發現這雙鞋的尺碼，迅速將腳收了回去。

可能是每個村子都有幾個有錢愛顯擺的施主，顯擺完了還不忘損我們一頓。不知是不是佛祖顯靈，過了一會兒，張施主要離開的時候我們發現他的腳一瘸一拐的。

「師父，您看他的腳怎麼了？」我奇怪地問道。

「阿彌陀佛，張施主一心為了誇耀自己，去買鞋的時候才發現沒有了自己適合的鞋號。但是一想到炫耀的高大感覺，他買了一雙比自己腳小兩個號的鞋子。結果穿了半天，腳就疼了。看來這雙鞋又要浪費了。」

「真是可惜了，他說那雙鞋可以供咱們寺院全體僧人吃一個月的飯，現在這些飯只能被放進他們家的儲藏室了。」二師兄釋貪惋惜地說道。

「他可能以為自己穿著鞋子就會變大呢！可惜，到時候鞋子變形了肯定也不好看了。弄得腳也疼，真是得不償失呀。」釋癡師兄也感歎道。

「我覺得他是沒找對適合他的東西，儘管那雙鞋子再美再值錢，可是不適合他就不應該買。」師父說道。

「嘿嘿，還是師父看得遠呀，任何的小事都能讓您說成大道理。」釋貪師兄撓著光禿禿的腦袋說道。

在這個世界上，美好的東西千萬種，但是屬於我們的卻只有那麼零星的幾種，而且還會被我們鄙視它的不美好。

往往在別人身上看著合適的東西，不一定也適合自己。所以，不要總是羨慕別人，比如我們從來不羨慕張施主的富有。

疑心生暗鬼

山下的村子裡有一戶奇怪的人家，雖然聽小飛施主說他們家裡面住著人，姓鄭，可我多次從鄭施主家門口經過，卻總是看到大門緊閉，院牆高築。

據說，在我還沒有出生的時候，這家人就是這樣了，原因誰也不知道。鄭施主家裡只有他一個人，每次出來買菜和生活用品也從來不和別人說話，都是拿了東西付錢就匆匆回去了。村民間也流傳著很多關於鄭施主的說法，有些施主說鄭施主是個小偷，因為他整天在房間裡也不出來上班，生活費來源可疑，有些施主說鄭施主可能在從事什麼隱蔽的工作，也許還有關國家利益呢！總之，村子裡對他的說法五花八門。

「為什麼不問問村子裡年紀比較大的施主呢？他們一定知道鄭施主為什麼成了這樣。」我突然覺得自己還算聰明，想到了這個辦法，於是我和小飛施主說道。

「我問過我爺爺，他說這個姓鄭的人不是咱們本村的，是十五年前才搬來的，自從來了就這樣，這裡的人們根本就不知道他的過去。」小飛施主噴著唾沫，解釋給我聽。

「哦，我還以為他是這裡的老妖怪呢！」我說笑著。

「我有個辦法，咱們去調查他，從他的生活方面入手，不信他不出門。有我小飛偵探存在，不怕查不出結果來。」小飛施主露出一副根本不知道自己在吹牛的樣子，不過我也很好奇鄭施主的情況，並沒有反對。

小飛施主見我同意了，就開始和我盤算如何調查。「什麼？你要我一個和尚去跟蹤他？不去，不去，傳出去我多丟臉？再說了，師父說出家人不能侵犯人家隱私。」我還以為小飛施主說的調查是找村裡的施主詢問呢，結果他卻說讓我去跟蹤人家，我馬上擺手拒絕了。

「你不想知道他是什麼人了？村裡的人都不知道他的事情，咱們問不來什麼的，最好的辦法就是跟蹤，看他出來都幹嘛去。」小飛施主試圖說服我。

「那我也得好好想想，萬一他知道了，把我關進他的屋子做實驗怎麼辦？」我做出思考狀，說道。

還沒等我們在牆角商量完這件事情，鄭施主居然開門出來了，他的樣子並沒有村民們形容得那麼恐怖，反而眉目清秀，和唐施主差不多的年齡，穿著一件乾淨的白襯衫和一條休閒褲！我和小飛馬上裝出一副剛剛經過這裡的樣子，嘻嘻哈哈地從鄭施主面前走了過去。幸虧我們反應快，他並沒有懷疑我們。待他走後，迅速跟了上去，我完全忘記了剛才拒絕的原因。

過了一會兒，我們尾隨他來到了郵局，他從裡面出來的時候手裡拿著一摞錢。接著，他從休閒褲的口袋中拿出手機撥通了號碼，對電話那頭說道：「錢總，稿費我已經收到了，這次多虧您，我的小說才能出版。哈哈，別這麼說，我可沒那本事，要不是在那個大院裡尋找靈感，我還真不知道自己能寫出這麼恐怖的小說呢！」

「過幾天，我又要出差，這邊的房子又要有沒人住了，真是可惜。不過，十五年了，每當我接到恐怖小說的稿子時，我都能在那裡找到靈感呢！」

我和小飛一邊裝路過邊偷聽著，在得知鄭施主是個作家的時候，我們有些失望。在鄭施主的電話裡，原本以為存在的驚天大秘密落空了。不過，很多時候，我們都會做一些沒有意義的事情來填充生活的無聊，每個人都是，結果也只是玩笑而已。

不經意的善舉也能助人

雨天是我最愛的天氣之一，因為雨天可以不用練拳，不用挑水，也不用洗衣服，總之下雨天，一切勞動基本上都可以取消了。我算是寺裡面除了釋淨和戒緣師叔之外，最勤快的和尚了，所以有時候戒緣師叔忙不過來就讓我幫忙幹活。這不，今天的衣服都是我拿去洗衣房洗乾淨的。

我抱著一堆洗乾淨的衣服拿出來晾曬，結果就遇到了這樣的天氣，我又無奈地將一堆衣服拿回了洗衣房，隨手關上門，回到了自己的屋子裡。

又是我靜靜地聽雨聲的時候了，每到這個時候，我的心總是很靜，好像自己可以完全與大自然融合一般，或許，只有在這樣清涼的環境下，我才覺得自己很真實，現實很清澈。

「釋懷，外面下雨了，你洗的衣服別晾了！」釋淨在禪房裡出來，對我說。

「我看見了，又把衣服放回去了，看來要等到明天才能晾那些衣服了！」我看著外面下雨的氣勢，推斷道。

「呀，我忘記關廚房的門了，每次下雨廚房裡面都會進去很多雨，師父特意囑咐我下雨要關門！這下慘了，廚房的米麵肯定都受潮了，有的沒准已經被淋濕了呢！」釋淨提醒我之後，突然想起了廚房的門沒關，說著就向外跑去。

「喂，我剛才隨手也把廚房的門關上了！你不要出去！」我忽然想起，剛才從洗衣房出來順便把廚房的門也關上了，於是連忙叫住釋淨，可是他已經跑到門外了。

「你說什麼？大點聲，我聽不清楚！」釋淨隱約聽到我的叫聲，回過頭來問我，他的頭和僧袍都已經濕了。

「回來，你先進來！」我向他招手，示意他先進來。

他急匆匆地又跑了回來，問道：「怎麼了，你叫我幹什麼？」

「我回來的時候把廚房的門也順手關上了，你快去屋裡換件衣服吧，都濕透了，別生病了。」我關心地說道。

「要是生病了，你就要做更多的活了，不但要洗衣服，還要幫助我師父做飯，哈哈。真是謝謝你幫我關上了廚房的門，不過，下次你最好早點說，我就不會淋濕了。」釋淨一聽說廚房的門已經關了，也放下心來和我開了個玩笑。

其實，我只是隨手關上了廚房的門，卻在無意當中幫助了他也保住了寺裡的糧食。有些時候，我們都是在無意當中幫助了別人或者傷害了別人，所以還是小心一些為好。

身不由己的風箏

當春風隨著大自然的旋律吹起，不再是冬天時的凜冽，而是柔柔的，暖暖的。蘇醒過來的每一株花草調皮地貼近路人的小腿，可愛極了。

不知道釋貪師兄從哪裡找來一個風箏，惹得我和釋嗔師兄都很羨慕。要不是釋癡師兄去劉大娘家送鞋樣，他一定也會站在我們的行列眼巴巴地看著那個好看的風箏。

「師兄，你這是從哪裡得來的呀？風箏怎麼放到天上？我們又沒有那麼高。」我輕輕地撫摸著風箏的翅膀，生怕弄壞了。

「要不說你笨呢，風箏風箏，就是借助風力把它吹到天上去，在天上飛的時候就像真的大蝴蝶一樣漂亮。」釋貪師兄說道。他一定自己偷偷放過了，不然他怎麼知道得這麼清楚，真不夠意思！

「原來這是只大蝴蝶呀，我說怎麼這麼漂亮呢，外面起風了，咱們快去吧！」釋嗔師兄迫不及待地說道，然後拿著風箏和線軸走了出去。

我們來到後山的空地上，釋嗔師兄拉著風箏線迎著風跑出了很遠，釋貪師兄才將手裡的風箏放開，只見風箏搖搖晃晃地升上了天空，越來越高。一陣疾風吹過，風箏劇烈地抖動了幾下。我眯著眼睛仰著頭，緊張地還以為它要掉下來，結果它逐漸乘著風勢飛翔得更高了。釋嗔師兄一邊跑一邊大聲呼喊，我從沒見過釋嗔師兄這樣孩子氣過，他似乎很久沒這麼歡快了。我們玩的很開心，直到風力很小了我們才回寺裡。

「嗨，師兄你回來啦，我們剛才去放風箏了，特別好玩，不過我太矮小了，大師兄不讓我拉著線跑。」我們滿頭大汗地回到寺裡，發現釋癡師兄已經回來了，我便向他小小地抱怨了一下。

「誰的風箏？我還沒玩呢！我也去！」釋癡師兄完全不知道我們放風箏的事情，執意要向釋貪師兄索要風箏玩。

「現在都沒有風了，就算你去了也是白去呀，不然等起風了再一起玩吧！」釋貪師兄向外張望了一下，和釋癡師兄商量。

「不行，就現在去！你們都玩了，我還沒有玩呢！」釋癡師兄說話的時候，好像是有些生氣我們沒等他。

我們實在拗不過他，最終還是陪他去了後山。但是溫和的空氣裡找不到一絲風氣，釋癡拉著風箏線跑了很久，風箏卻沒有想飛的意思，他又試了幾次，還是沒有成功，最後失落地放棄了。

「師弟，明天我們再來玩吧，等到有風的時候風箏會飛得很高的。」釋貪師兄不忍心看到釋癡師兄沮喪的樣子，安慰道。

釋癡師兄只是點了點頭，沒有說話。風箏必須要有風才能在空中高傲地飛翔，我很羨慕它，但是當我看到師兄手中的線軸時，又不這麼想了。有些事情就像放風箏一樣不能勉強，但是它卻同樣由不得自己。

雖是一句無意的話也會影響他人

在淨塵寺裡，除了釋貪師兄撿到的那塊鏡子和掛在佛堂前的鏡子，就剩下水房洗漱用的那塊大鏡子了。

今天早上，我像往常一樣來到水房洗漱，戒緣師叔卻把我叫住了，對我說：「不要碰裡面的鏡子。」說完這句話，還不等我問為什麼，他就轉身離開了。

「為什麼不能碰裡面的鏡子？難道裡面有什麼東西？」我小聲嘀咕著，然後試探性地看向那面鏡子。

其實，我不經常照鏡子，一是因為沒有髮型可以自戀，二是大家都穿著僧袍，沒什麼美與醜的比較。可是今天，我覺得這面鏡子異常地扎眼。等我洗漱完成後，我還朝鏡子看了好幾眼，甚至照了一會兒才出來。

「不要碰裡面的鏡子。」我出來的時候，釋癡師兄正好拿著臉盆和毛巾進去，我怕他亂碰鏡子，隨口告訴了他。雖然師兄聽到我的話一愣，但是我並沒有在意地走開了。

吃早飯的時候，我聽到大家都在談論那面鏡子，我真的以為是鏡子出了問題。

我連忙問身邊的釋淨：「水房的那面鏡子到底怎麼了？」

釋淨也一臉迷茫地看著我搖了搖頭，然後我又問了幾個人，他們都不知道那面鏡子怎麼回事，只是都不敢去碰它。

過去，沒有人會記得那裡擺了一面鏡子，但是今天每個去水房的人都有意無意地看了兩眼。甚至有人開始猜疑那面鏡子的來歷，傳播有關那面鏡子的傳說。

突然被關注的鏡子有了神秘的色彩，就連上午前來拜訪的香客都表示想去看看那面鏡子。這個謎一直揣在每個人的心中，直到戒緣師叔下山採購回來。

「師父，您聽說了嗎？水房裡那面鏡子的傳聞，好像是什麼仙人留下的，有位富有的施主聽說了這面鏡子還想要買回去掛起來呢！」釋淨第一時間告訴了戒緣師叔。

「什麼鏡子的傳聞呀？我只知道鏡子髒死了，我打算回來擦擦呢，走的時候不是告訴釋懷了嗎？那麼髒怕你們摸了手髒。」戒緣師叔迷茫地看著釋淨說道。

「我明白了，一定是戒緣師叔告訴我不要碰鏡子，我又告訴了釋癡師兄，然後釋癡師兄又告訴了下一個來水房的人，然後咱們寺院就都知道了。因為不知道是什麼原因而不讓碰鏡子，所以大家就開始了各種猜疑。」我恍然大悟地說道。

有時候，一句不經意的話就有可能帶給別人很大的影響，不知道是我把簡單的事情想得複雜了，還是我把複雜的事情想得太簡單了。

夏日安居

如何面對炎夏的炙陽

春花在鳥兒的歌聲裡慢慢地跳下了枝頭，葉子脫去嬌豔的春裝爭相展示那一抹抹濃濃的綠，濕度也悄然提升了起來，夏日的驕陽熾燒著大地，像憤怒的獅子，向萬物咆哮著、咆哮著……

早上趁著天氣還涼爽，我和幾位師兄在佛堂裡作上了早課，時間在佛經的頌唱中悄然而過，太陽也隨著時間流走，慢慢爬上了枝頭，隨之而來便開始熾燒萬物。

溫度也由涼爽轉變為燥熱，作完早課後，我和師兄們出來自由活動。

剛走出佛堂大門，太陽就照在了我們身上，我抱怨著：「師兄，這天氣真夠熱的，太陽他老人家不想讓咱們活了嗎？」

釋癡師兄便開口對我說：「天氣不熱，莊稼怎麼能成熟呢？要是沒有分明的四季，咱們就只能喝風充饑了。」

「我可不管，反正就是非常熱，我要找個涼快的地方。」我說完就把佛經頂在頭上開始往外跑。

剛跑了沒幾步，就聽見師父的喝問聲：「釋懷你幹嘛呢？」

我停下了對師父說：「師父，我在躲太陽呢，這天氣太熱了！我受不了了！」

師父聽完，對我說：「這你都受不了嗎？那夏天酷熱的時候，你豈不是連經都不能念了？」

「我覺得也是，可能真的不能念經了。」我開了個小玩笑，但是師父並沒有笑，我尷尬地撓了撓頭。

「你去河邊看看。」師父說道。我疑惑地看著師父，不知道他想說什麼。我走到山下的河邊處仔細地看了看也沒看出和太陽有關的東西。

我頓時就懵了：「師父，您讓我看河幹嘛？」師父默默不語，走近河邊，看著清澈的河水，不一會兒，師父問：「釋懷，你看到了什麼？」

「我看到了河中流淌著清澈的河水，還有一群魚兒在戲水。」

師父聽後點了點頭，說：「你再跟我往上游走。」

河流越往上游走，河道變窄，河水便開始湍流，來到上游，師父又說：「你現在再看這河水。」我湊到了河邊，仔細觀看，還沒等師父問，我就對師父說：「師父，這水流比下游湍急了許多。」我沉思了一下，「還有幾條魚，它們在逆著水流往上游走。」

師父滿意地點了點頭：「魚兒都勇敢地在逆流中而上，它退縮了嗎？向河流低頭了嗎？魚兒尚且如此，那你為什麼要躲太陽呢？你躲著它就不熱了嗎？」

「確實如此，我不躲太陽了，那師父您平時都是怎麼驅散熱氣的？」

「當然是拿扇子扇、擋咯。」

「那和我躲太陽有什麼區別？」

「這個⋯這個⋯不可說，不可說。」

時時勤拂拭，莫使惹塵埃

夏天到了，藏了一冬的短衫被我從箱子裡拿了出來。滿屋的塵氣撲面而來，鼻子裡瞬間鑽進蘇醒的灰塵。我沒什麼衣服，都是過去的舊僧衣。原本想拿出去曬曬，結果卻發現本來就泛白的僧衣上略顯破舊了。

我舉著一件僧衣衫在陽光底下使勁地查看，想找到使它變成這樣的原因，結果卻照出了師父的臉孔。

「釋懷，幹什麼呢？盯著一件舊僧衣想什麼呢？」師父嬉笑著問我。

「去年放進箱子的時候，是我剛洗過的。怎麼今年拿出來它還是變得發黃髮暗了呢？難道是我沒洗乾淨嗎？」我確實正在為這件事情苦惱。

「這有什麼好奇怪的？任何事物都是有時間限制的，過了一年它也老了一歲，只許你長高不許它變老？」看來師父今天的心情非常地好，每句話都像在和我開著玩笑。

「不是這個意思，它又沒有生命，怎麼會變老，師父您就別逗我了！」我確實無法想像一件穿在身上的衣服帶有生命，要是這樣以後我是不是還得問問它需要什麼？

「你師叔房裡的精雕花桌經常清洗、養護，五十年了。你覺得舊嗎？」師父一看我沒心情開玩笑，於是言歸正傳地說道。

「不舊，每次去都像新買的一樣。」我對戒緣師叔房間裡的精雕花桌並不熟悉，因為師叔從來都不讓我們亂碰，說是怕不小心劃壞。我們每次去玩的時候都離得遠遠的。

「那就對了，任何的事物都受時間限制，但是在時間限制範圍內，我們要如何保護它們呢？」師父認真地說道，好像不曾跟我開過玩笑。

「經常擦拭護理？」我試探性地問道，因為剛才師父提到過。

「當然了，就算是新的刀如果不經常用就會很快長鏽，但是舊的刀經常用就不容易長鏽。人的大腦也是一樣，經常用功動腦就會變得聰明靈活。」師父回答道。

「那我應該怎麼辦？我穿著舊了的僧衣會不會也顯得很老？」

「再去拿水洗好晾乾，還能怎麼辦？你這腦子要是不經常動，我看也要長鏽了。」師父指著我的腦袋說道。

洗衣服的時候我仔細地想了一下，好像真的像師父所說：任何事物都是這樣，在不知不覺中變老變舊了，最終在世界上消失。我確實該好好動動腦子想想這些複雜的問題。

成長就是要讓自己蛻變

清晨，我睜開惺忪的雙眼，看了一眼窗外，燦爛的陽光照得我睜不開眼。陽光暖洋洋得灑在被子上，懶洋洋得鑽在被窩裡不想動，在一旁穿衣服的釋貪師兄扭過頭來說：「起床了，太陽都快曬到小釋懷的屁股了，哈哈！」

我在溫暖的被窩裡，翻了個身對著師兄說：「師兄，我想再睡一會兒。」已經起床的大師兄釋嗔走到我的床頭說：「趕緊起床啊，賴床可不好啊，一會兒師父來了又要說你是小懶豬！」我側過身子說：「陽光曬著被子真的好暖和，再讓我睡一會吧，大師兄…」還沒等我話說完，釋嗔師兄伸手掀開了我的被子，我只好乖乖的起床穿衣服。

我伸了伸懶腰，推開房門正要下臺階，看著陽光普照的大地，突然想起後院自己種的一棵樹，等會上完早課，我去探望它吧！

來到後院的小樹旁，我吸了一口氣，聞到空氣中夾雜著清新泥土的芳香。

這時我突然注意到小樹旁的花叢中有只大毛毛蟲，可能是因為昨夜雨下得太大了，沒辦法，它只好在花叢中過夜，幸好今天雨停了。毛毛蟲肚子可能是餓了，想要去尋找一些能吃的食物。它蠕動著肥胖的身體，一步一步地向前爬著。

一直住在花叢中的毛毛蟲，每天靠吃一些新鮮的綠葉生活。它每天在花叢中爬來爬去，閑著的時候，就看看那些在花朵上飛來飛去的蝴蝶們。他們纖細的肢體和輕盈的翅膀，也許正是毛毛蟲一直羨慕的姿色。在花叢中飛舞的蝴蝶，不僅能吃上幾口香甜可口的蜜糖，還能飛上藍天與伙伴們嬉戲。而毛毛蟲呢？只能拖著臃腫的身體，慢騰騰的在地上爬，真可憐！

我猜想著：也許它夢想著成為一隻蝴蝶，在天空中自由自在的飛翔。可上天註定，毛毛蟲一輩子只是一隻普普通通的毛毛蟲！

就在我靜靜觀察毛毛蟲的時候，師父不知什麼時候走到我的身邊，問道：「小釋懷你去不幫助釋嗔打水，在這裡發呆幹什麼啊？」

我疑問地看著師父說：「毛毛蟲為什麼只能是毛毛蟲啊？它為什麼不能像蝴蝶一樣自由自在的飛舞呢？」

師父大笑起來：「蝴蝶就是毛毛蟲變化來的啊。」師父見我還是一臉的疑惑，就繼續解釋道：「毛毛蟲長大了，會找到一棵又高又大的樹，在樹上為自己造房子，然後它吐出一根一根的細絲，給自己造一座既結實又溫暖的小房子，它在自己的房子裡慢慢的蛻變成一隻美麗的蝴蝶。」

「真的嗎？那為什麼人就只能是人呢？為什麼不能變得更美麗？」我驚異地問道。

「你怎麼知道人就沒變得更美麗？要是人一輩子都只能是普普通通的人，那我們還幹嘛努力修行呢？人們也像毛毛蟲一樣能夠變成美麗的事物，只不過人們的蛻變是在心裡，毛毛蟲的蛻變是在外表。」

「哦，是不是世界萬物都是可以蛻變的呢？都能夠變成更加美麗？」

「只要你專心學習，很快就會蛻變的。」

恍惚中，我好像看見那只毛毛蟲變成了一隻白色的蝴蝶，和另一隻藍色的蝴蝶一起，在天空中越飛越高。

順應自然的法則

三伏天真是讓我吃不消了，食欲不振，頭腦沉沉。師兄們三番五次來叫我去吃飯，我都沒去。這樣的天氣別說讀書誦經了，就連吃飯、睡覺都沒欲望。我就像一隻躺在鍋裡的饅頭，馬上就熟了。

「釋懷，是不是誰欺負你了？怎麼不去吃飯啊？」師父推門走了進來。

「師父，沒人欺負我，這天氣太熱了，幹什麼都沒心情，也不想吃飯。」看到師父來了，我急忙站起身來。

「嗯，也對，這樣的天氣確實惹惱人，乾脆我們都不要吃飯、念經、禮佛了。」師父若有所思地說道。

「這…」我一聽，這哪行啊，要是不尊重佛祖，豈不是犯了大罪。

「哦，對了，農民也不要種莊稼了，集市也不要開了，衣服也不要洗了。什麼都且放下，等到天氣涼爽了，再行動怎麼樣？咱們應該到了冬天學動物們冬眠，夏天也夏眠得了。這個主意不錯。」師父繼續說道。

「我一個人不能影響了大家啊，你們該做什麼就做什麼，不用管我！」

「我也是這麼想的呀，我這師父也當了這麼久了，早就累了。現在不光要忍受夏天的炎熱，還要照顧你們。我只是在替自己打算而已，你們也別干涉我啊。」師父這樣說著，就往外走去。

「師父，我知道錯了，天氣只是外界的干擾，真正燥熱的是我的內心。」我低下頭說道，被師父這樣一說，我覺得自己特別不懂事。

「這就對了，世界萬物都是順應自然規律的。沒有夏天的悶熱、冬天的寒冷，就沒有春天的生機和秋天的豐收。不要埋怨此時的環境，不要貪戀彼時的美景。因為這些都是暫時的，我們誰也留不住，唯一能夠留住的就是內心。」

「釋懷知道了，讓自己的內心涼爽下來，世界就會變得涼爽。」我恍然大悟地說道。

「嗯，外界環境的變化必然有它的道理，既然我們無法去改變，就要去適應。這就是所謂的適者生存」師父撫摸著我的頭說著。

「師父，那我現在就去吃飯，一會和師兄們學習佛法。」

夏天可真熱啊，這沒什麼，我可以搧扇子，冬天冷了也沒關係，我可以穿棉衣，大自然培養著萬物，不可能只照顧我一個，但是我可以自己去適應，去成長。

渴時一滴如甘露，熱時樹蔭最舒服

白天在蟬鳴鳥叫中被拉的格外的長，大太陽肆意烘烤著它所能見的一切，地面騰起一陣陣熱浪，空氣都有些躁動，真心覺得門口那大石板燙的可以烙餅了，只要廚房給我點麵粉，我肯定會這麼幹的。

這時候還能睡著的也只有躲在樹蔭底下那只懶狗大黃了，寺裡的師兄弟們都在想著法子避暑，師父在佛堂打坐，沒空管我們，師兄便拉著我出去逛逛，聽他說他有一個好去處。

快到正午的時候，樹蔭只覆蓋住了自己身下的那邊土地，日光普照的大地上看不到一個人，人懶風也懶，一點風的影子也沒有，樹葉尖都不帶抖的，只有那聒噪的蟬不知冷熱地叫喚著，平白擾人一場清夢。我對高我一頭的師兄說：「如果你想要我幫你去師父那裡拿點東西的話就免談吧，我還有很多事情要做的。」

「不不，上次你幫我了挨罵了，感激不盡，這次師兄我補償一下你，如何？」

「好說，怎麼補償？」

「一二三，走吧！」

我們沖出了屋蔭，當腳掌著地時我覺得不穿鞋是我今天犯的第一個錯誤。地面真的很燙，像是被火燒過一遍，直燙得我倆上躥下跳、大呼小叫，這地方不容我們再逗留片刻，如火燒屁股般，我們直奔寺門，太陽在背後照的脖子發燙，比腳板還燙，影子投在我們前進的路上，只有一小塊，遮擋不出一絲的蔭涼，我們奮力向前跑，影子依舊在身前，怎麼也跑不贏它。

感謝師兄！在經過半個小時的痛苦的上躥下跳後我倆來到了預定的地點，是靠近我們寺的那處溪流，平常可沒少往這來，而今天師兄帶我來的地方比之前來的更隱秘、更幽靜。這是一大片柳樹和桑樹夾岸而生地方，巨大的石頭鋪在溪流當中，一半埋在水中細沙裡，一半浮出水面，像是一個個坐墊，上面只漏下星星點點的日光，有投在溪水裡的會發出金子一樣耀眼的光芒，其餘日光都被樹的枝葉在上空給抹掉了，這石頭做的墊子因這光斑還顯得格外雅致有趣。

我跳上了石墊子，雙腳插入溪底的細沙中，冰涼的溪水從身邊流過，發出悅耳的聲音，無限的清涼從腳板心一路爬升到心臟，只覺得一股冷氣從丹田沿著心臟再經過肺衝上了太陽穴，頓時眼前一放鬆，眼皮就已經耷拉了下來，我閉上眼睛深吸了一口氣，細細享受這難得的清涼。

這裡只剩有碧綠蔥蘢的樹木、隨波搖曳的光斑、清淺緩流的小溪、安心納涼的我和師兄，偶爾還有一兩聲蟬鳴，卻使得這地方更顯清幽了，別處炙熱的天氣與我們無關，這炎炎夏日已經遺漏了我們在這一處靜謐的天地。

當我們覺得太陽已經不如之前毒辣的時候，肚子也在敲起了鑼鼓，我和師兄趁興而歸，踏上了來時的路，路面依舊燙人腳板，影子依舊投在身前，我們跑著，影子也跑著，一路跟著它跑回了寺裡，直到到了陰影裡我們才擺脫它，真可惜，我們沒能跑贏影子。

沒有辦法測量的價值

從寺裡出來已經半天了，雙腳踢踏在初夏雨後的小路上，滿是泥水的道路並不有意為難著行人，它只是喝飽了雨水，在人們不常出來的當兒歇息會兒。

這條路休息了，而未休息的我們乘著雨停下山去買點寺裡快用完的鹽巴。釋淨走在我前面，濕滑的路被他按出一串腳印，鞋底落下時泥水會濺到路旁的花草，星星點點的褐色讓那一叢被水洗過的綠葉長了一層灰暗的斑點，有鳥叫聲從空中掠過，在寧靜的山路上顯得格外清脆，如這斑點一樣尋常又清新。

「釋淨，你等等我」我叫道。

「你快點，小心滑倒，天黑前我們還得趕回寺裡。」

「哦，你知道還有多遠嘛？」

「多遠？走完就知道了，現在告訴你也不知道有多遠，何況今天下了雨，這路比往常顯得更長了。」

釋淨這話真不耐聽，欺負我沒出過遠門，路總是有盡頭的，哪有走不到的，如果沒有白天和黑夜的界定，走走就到了。

小路越來越靠近那條有遊魚、螃蟹、泥鰍、鱔魚、蝦米的小溪了，因為我聽見水聲越來越近，越來越分明，是水拍在石頭上再被石頭拋起的聲音，它們之間這樣的遊戲已經玩了很久，遊魚、螃蟹、蝦米常常參與，而泥鰍和鱔魚不常來，它們有時會躲在泥底睡覺。

一位老伯背著一個竹編的魚簍出現在我們面前，他同我們說了句阿彌陀佛，釋淨和我還了一禮，他的魚簍用繩子繫在腰上，垂在身下，被拉直的繩子說明他今天的收穫不少，我問道：「施主有什麼可以讓小和尚開開眼界的麼？」

「哈哈，您請看。」大伯邊說邊解下了魚簍，我湊過去一看淨是些黃鱔，有大有小，在魚簍裡亂竄，釋淨也探過頭來看，說道：「師傅您這小黃鱔也抓嗎？抓這麼多是來用來賣的嗎？」

大伯說道：「是呀，小黃鱔也有人賣了，這溪水裡黃鱔有夠多的，平常也少人來這抓黃鱔，今天真是讓我走好運了啊，你們不知道吧，集市上這大黃鱔十四塊一斤哩，小黃鱔也都八塊錢一斤呢，有了它，我這兩個月都可以過上舒服的日子了。」

「那大黃鱔和小黃鱔怎麼區分呢？價錢都不一樣呢。」我問道。

「你看吶，比那大的小的就是那八塊的小黃鱔，比那小黃鱔大的就是那十四塊的大黃鱔，懂不？」

「比大的小就是小？比小的大就是大？不懂！」我一頭霧水。

「小和尚你真笨吶，哈哈。」大伯跨著魚簍邁著大步走了，釋淨也催我快點走，空空的山路上又響起一連串的腳步聲，新泥已經細細的扣在鞋底了，等下要跟著我們一起下山的。

我們在山下買了鹽巴就速速回寺裡了，夕陽被寺門關在了外頭，只剩一點點光亮透進窗照在我的床上，突然覺得今天床變大了。

不分大小的好處

貪吃的三師兄釋貪一大早就下山去了，等我起床後，發現頭戴著一頂紅布軟帽的釋貪師兄在廚房裡，正哼哼著一首不知道叫什麼名的佛曲，手裡剝著竹筍皮。

見我來了，三師兄得意洋洋地說：「師弟，你看我這頂帽子怎麼樣？下山的時候我不想引起施主們對我的關注，就弄了一頂帽子遮住光頭，沒想到回頭率不減反增，弄得我都不好意思了。」我眼前立馬浮現出這樣一番情景：施主們都好奇地看著釋貪頭上的紅布軟帽，以及上面幾道誇張的褶襉，還有他一身灰布道袍，顯得不倫不類、滑稽不堪。三師兄果然是個顧頭不顧尾的人。

三師兄又朝我晃晃手中的竹筍，說：「師弟，你就等著享受一頓美味竹筍大餐吧。這可是在集市裡買到最大的而且最新鮮的竹筍了。」這時大師兄釋嗔和二師兄釋癡也進來湊熱鬧了。二師兄蹲下身子看看了竹筐中的竹筍對三師兄說：「師弟，你這竹筍是從哪買的？」

三師兄說：「這還用問，當然是從市場上買的。」

「哈！可憐的師弟，我估計你這是全市場最小的竹筍了！」二師兄說，「你可能沒見過張施主家的竹筍，你也許不信，他的竹筍足足有胳膊那麼粗呢。當然了，我說的不是像你的胳膊，而是像我這條整整瘦了一圈的胳膊。」

「不可能！」三師兄反駁說，「我這竹筍難道不比你的胳膊粗？那位賣竹筍的施主說了，我買的這個是整個市場最大的，而且我覺得我這根肯定比你見的竹筍大。」於是，二位師兄為了各自竹筍的大小開始爭論起來，互不相讓。最後三師兄決定拿著買來的竹筍和二師兄下山到張施主家驗證一下到底誰的竹筍大。

我和大師兄釋嗔對望了一眼，卻不知道該如何勸阻他們。只能眼睜睜地看著他們兩個人興沖沖地下山去了。這時，師父走了進來，說道：「誰在爭吵啊？打老遠就聽得見！」

我和大師兄簡潔明瞭地向師父說明瞭情況，師父搖搖頭說道：「這兩個臭小子，悟性真是差。竹筍是用來吃的，不是用來比大小的。何必為此糾纏不休呢？再說了，就算下山比較出各自竹筍的大小，又能如何呢？你們呀，對於一些事情，總是太注重形式上的東西，既浪費了時間，又傷了師兄弟之間的和氣。」

「師父說的是，我這就叫他們兩個回來。」釋嗔師兄出乎意料地回答道，真是奇怪，他今天沒有跟著攙和。

「咱們就等著吃頓好飯吧！」師父朝我笑著說道。

「師父，我肚子餓了，您先給我弄點吃的吧！」我撒嬌地說道。

「我才不管呢！我是師父，應該你們侍奉我。」師父撇了我一眼，得意地走了。

不是說竹筍不分大小都是用來吃的嗎？怎麼和尚就分大小？就知道欺負我！

雨滴即是廣長舌

雨已經下了有一會兒了，我已經不記得第一滴雨是由怎樣的一個姿態脫離天空、奔赴大地，只有那前赴後繼的敲擊聲將我從窗邊喚起，那股驟雨初來的幽冷直擊眼眸，暗風吹入衣領提醒我這個春天仍還是冷。

雨珠不知是何原因離開了天空，歡快地撞擊著大地，大地不嫌棄它們的魯莽，就像師父不嫌棄我的愚鈍一樣。雨在窗前的模樣使得它看起來像散了線的珠子，它順著第一滴雨珠來時的軌跡速度驚人地拍上大地，輕微的一聲便摔得稀碎，而更多輕微的聲音覆蓋著這一聲響，那些碎成一片的雨水混成一塊沿著低窪處溜走。此時遠處的景象模糊不清，濕氣一度闖進屋子撲打在我臉上，試圖將我同外面的世界拉近點距離，雨水繼續落在青黑的瓦上、綴綠的樹上、嫩黃的草上、泛光的路上、灰白的牆上，它們都老實地接受雨水的洗禮，伏在窗臺的我胸中似乎也落滿了雨水，乃至鼻腔裡也有濕冷的空氣流動，庭院裡那個大香爐還在吐著煙，煙飄散在風中，那籠罩著水霧的外面世界顯得寂靜而遙遠。

濕漉漉的路上有人打傘走過，大紅的傘布格外亮麗。

我所處屋子此時染上了一層深色，昏暗的光線使得此刻如同傍晚，桌椅變得古舊，書卷變得冷酷，其他的東西漸漸消隱，靜得很，唯有雨聲不曾消退。起初沙沙聲像是書本被風翻亂了，書本隨之被翻的越來越很快，像是指甲劃過布料一般，又像是傍晚給寺門上閂的聲音，這聲音時而輕快、時而沉悶，然後是密密麻麻爆裂聲，如炒豆子般繁密、激烈。突然一道亮光照進屋子，明亮耀眼的光劈開了這昏沉的景象，我看到遠處的烏雲夾著風雷壓著屋簷朝我滾滾而來，雨珠一一破碎在窗前，它們拍打著水面，蕩漾起一圈圈的波紋，看不清倒影。亮光轉瞬即逝，那聲音又變成了隆隆的車輪聲，越來越近，越來越響，仿佛看到趕車人馬鞭在空氣中飛舞，馬蹄在平地踐踏出一股塵土，車輪飛速轉動，最後一聲暴雷驅散了其餘的聲音，車輪隨之消失在路的盡頭。

那雨聲落在瓦上是清脆的，順著屋簷下來是急促的，滴在石階上是清亮的，那瓦上似乎有人在行路，又似乎有人在彈琴，又似乎有人在敲木魚，又似乎有人在念經，如果雨有靈，那麼它的靈魂應該趁著這雨聲又回到了天上去了。

這樣的雨天我哪也不去，哪也去不了，我閉著眼只聽著雨的歌聲漸行漸遠，不知這窗臺已被打濕一片。

人生如棋，世事如局

師父說人生就像一盤棋，一步走錯滿盤皆輸，一步走對又可以扭轉乾坤。我笑著說人生哪有那麼複雜，才不會像棋一樣沒個路數。

每個禮拜日的下午，我們寺裡就會有下棋學習課，我們都稱呼這位老師為「棋老師」，不是因為他姓齊，而是因為他幾乎什麼棋都會下。比如博大精深的圍棋、兵戎相見的象棋、簡單易懂的跳棋、軍棋等，我們每次都會敗在他的手上。今天棋老師教我們下象棋，我和師兄們都早早地坐在課桌前等待著棋老師的到來。

「小師父們，今天我們來學習下象棋，你們都帶來象棋了嗎？」

「拿來了，老師快點講課吧。」釋貪師兄心急地說道。

「好的，象棋是我國的國棋，裡面蘊含的哲理和思想一點也不比圍棋少。等到我們學完象棋再學圍棋。那麼拿出你們的象棋，將和帥是兩個軍隊的主力，先被殺死的一方就是輸了。『象』走『田』字，『炮』要隔一個子打，『馬』走『日』字，兵只能一步一步地向前走，過了楚漢界限才能橫著走……」棋老師邊給我們講說，邊拿棋操作著給我們演示。

「好了，接下來就是你們自由下棋的時間了，你們自己分組，下棋試試，哪裡不懂問我。」棋老師講課通俗易懂，我們都表示已經學會了，馬上開始分組。

我坐在棋盤這邊，釋貪師兄坐在棋盤那邊，開始按照老師說的規矩擺好了象棋。剛一坐下我就犯嘀咕了，我該先走什麼呢？「先走個馬吧！不，還是先走炮吧！」我猶豫地選擇著。

「不管你走什麼，我一定能贏的！」釋貪師兄很自信地說道。

最終，我還是選擇了先走馬，他走炮。我們一步步地走著，我感覺很吃力，既不能被吃掉又不能不殺掉他的棋子，有時候我剛把棋放下，師兄馬上就把我的棋子吃掉了，害得我心疼半天。

「哈哈，我說什麼來著，一定是我贏的，因為我很聰明。」師兄像是得了什麼獎勵一樣，高興地大叫起來。

「象棋真的好難呀，還得顧忌全場的棋子，真是長見識了。」我苦笑了一下，說道。

我忽然又想到了師父說過的那句話：人生就是一盤棋。自己是操縱者，舉棋不定不可取，但是也不能亂下，要是錯了就輸了。

幸好生活不是如此深奧，不然我覺得活著真的很吃力，每天在不停地選擇中度過就很難熬了，還要承擔失敗的後果。不過，師父這樣說，一定有他的道理，可能是我太小還沒有經歷。

但願人生不是像象棋，而是像跳棋，先到達終點就贏，不用想這麼多，不需要這麼複雜。

人生的魔術師

夏日裡，我最享受的時光就是躲在河邊的樹下乘涼。午飯過後，除了樹上鳴叫的薄衣知了還在唱歌，幾乎聽不到任何的聲音。有時候我就在這裡睡午覺，有時候就拿出經文來讀，不過最近有好心的施主給我們寺捐了很多書籍來，封面上有漂亮的圖案，裡面的內容都不是經文。師父說這些書籍都是善良的施主捐贈的，為的是讓我們這些小和尚也能瞭解外界，瞭解歷史、地理、文學、科學等方面的知識。這些書籍有文學著作，有歷史名著還有科學解讀，十分有閱讀價值。

我高興極了，這樣我無聊的時候就可以看書來瞭解那些我嚮往的地方了，在別人的思想世界裡徜徉是件多麼美妙的事情呀！

今天，我就挑選了一本書《解密魔術世界》的書，我不知道什麼是魔術，因為沒有人來寺裡提到過魔術。師父說有一種人專門表演魔術，他們叫魔術師，他們可以辦到常人不能辦到的事情。我問師父他們是神嗎？師父笑著說魔術師都是騙人的。我聽得一頭霧水，今天我一定要看個究竟。

才看第一個，就讓我瞠目結舌。圖片裡的魔術師可以將一枚硬幣放在桌子上，然後上面扣上一個透明的杯子，硬幣就不見了！這是怎麼回事兒呢？我連忙看解讀，才知道原來如此啊！我不禁笑出聲來，這不就是騙人的嗎？不知道的人還納悶是怎麼回事兒呢？真有趣！

我接著往下看，裡面講的是桌上放著一個魚缸，裡面有兩條正在悠閒地游泳的小魚兒，魔術師把一塊黑布擋在魚缸前，停頓了幾秒，再拿開黑布，發現魚兒少了一隻！哇，太神奇了，我連忙看答案，才知道原來是那麼回事兒。不過，要想練好這麼神奇的魔術也不是件容易的事。

釋癡師兄來找我的時候，我正在興頭上，非要給他表演個魔術。他就這麼被我騙了，然後跟我一起看這本書。

雖說出家人不打誑語，不能欺騙別人，但是我們幾個還是對魔術情有獨鍾。師父見我們如此癡迷就對我們說：「這只是作為一種樂趣，平時大家開心開心還行。除此之外，大家都要坦誠相待，不能有任何的欺騙行為，不能做一位不老實的和尚，知道嗎？」

「知道了，師父。」我們齊聲回道。

「現實也像魔術如此，有些時候，你根本就想不到這件事情為什麼會發生，而發生了你又驚歎神奇。要是能把人生看得透，就不會有那麼多人蒙在鼓裡了。」

師父自己自言自語道。

「師父，是不是人生也會變魔術，讓人看不清真正的面目？」

「嗯，就是啊，小釋懷，你的悟性還蠻高的嘛。」

魔術給我們帶來了樂趣，但是如果是命運給世人變個魔術，還不知道要多少人受苦呢！師父就是想告訴我們這個意思。

贏得比賽的心法

要是說起來，山下的村子已經很久沒舉行什麼活動了。這一陣子，寺裡也是枯燥乏味，不是讀經就是練武，最有興趣的事情就是找個地方閱讀施主捐來的百科書籍了。不過，我還是覺得好無聊啊，真想有個好玩的事情做！

我無聊地看著一本借來的書，釋貪師兄急匆匆地跑來告訴我：「有大事要發生了！」

「什麼大事？」我趕緊站起身來，對著他說道。

「剛才有位施主到寺裡來拜訪，說一個禮拜以後，村子裡要舉行唱歌比賽，獲獎的選手能夠去市里參加決賽呢！去看看不？」

「是嗎？還等什麼，快去瞧瞧！」

「走，我都跟師父說了，咱們要去山下玩。」

其實，我是個沒有藝術細胞的和尚，就連佛曲都要學上好多遍，不然我也參加了。我慫恿釋貪師兄報了名。

自從師兄報了名，可就在寺裡忙活開了，為了將我們寺發揚光大，還特意找了一首關於佛教的流行歌曲來唱晚上，我從師父那裡得知，這次比賽是政府為了宣傳新的愛民政策而開展的，報名條件不限，只要會唱歌就可報名參加。村民們熱情高漲，不少施主也都在專心地排練著。

「師兄，這次你壓力好大呀，山下的村民們也都不甘示弱呢！」我對釋貪師兄說。

「師弟，你這是要為咱寺爭光呀！到了大城市記得給師兄帶點好東西來啊！」釋嗔師兄也來湊熱鬧。

說實話，我們很看重這次比賽，大家都希望師兄能拿到一個名次。還有一天就比賽了，師兄把課餘的時間全都用在了這上面，弄得寺裡的人也跟著緊張兮兮的。

比賽前夕，我和釋貪師兄去找師父，希望師父能指點一下，以便更好地取得成功。師父他老人家笑著說道：「這次比賽你最在乎什麼？輸贏？」

「當然是想贏了，還有宣揚淨塵寺。」

「用心去比賽就好了，在乎什麼結果呢？輸贏都是不重要的，如果你在失敗之後，還能為他人喝彩，認真對待失敗的話，比你贏得比賽更有價值。」

「那師父的意思是這次比賽當中成敗不重要？」

「嗯，我們總是過分地關注成功而輕易地忽略了失敗。事實上，我們遇到失敗的次數比成功要多得多，如果不能輕鬆地把握失敗帶來的痛苦，結果是不堪設想的。你只要用心去做就好了。」

最終，釋貪師兄拿了第三名，高興地不得了。在回來的路上他對我們說：「在上臺之前，我一直在思考師父說的話，用心唱歌比在乎比賽要有意義得多，只要用心了，結果自然會好，平常心，平常心。哈哈」

其實，我們能感覺出來，師兄他是高興的。變幻莫測的結局中，總有適合你的那個，所以沒必要提前去著急。我也從中學到了這一點。

驅逐心中害怕的蛇

我不怕蟲子，尤其是那種肉肉的，軟軟的蟲子。它們總是穿著美麗鮮亮的外衣，邁著優雅的步伐，但是我還是對蛇另當別論。

我只見過兩次蛇，一次是我七歲的時候，剛來這裡的那年，一條黃底黑道道的蛇，記憶裡它應該有不到一米長，再一次是和師父下山時遇到的，黑色的。當時還是釋嗔師兄幫我趕走了它，想起來就後怕。今天不知道怎麼回事，走在去挑水的小路上，心裡忐忑不安。

我是和釋嗔師兄一起來的，我安慰自己，沒事的，就算有蛇也有釋嗔師兄呢！我正想著，就看見前面地上趴著一條綠綠的蛇，細細的，短短的。

「啊，有蛇！」我大叫起來，連忙躲在師兄的身後。師兄好像是故意要嚇唬我一樣，竟然走過去拿起來那條小蛇。我見狀趕緊跑到大樹後面，嘴裡不停地呼喊著。

師兄卻以此為樂，繼續向我走來，淚水在我眼睛裡打轉，但是我不敢哭，我怕眼睛一模糊，師兄就把蛇甩到我身上了。

「師兄，求你了，快把它扔走！我害怕。」我弱弱地說。

「師弟，你看，它並不可怕，你快看看它呀，它不咬人，咱們這裡沒有毒蛇，你放心吧！」師兄笑著對我說。

「真的？」我將信就疑地問道。

「沒事的，相信師兄，我怎麼能害你呢？你不要怕它，它只是大自然中的一員而已，沒必要害怕。」

「可是我看到它身上的鱗片還是會受不了。」

「你看，你也穿著衣服呢，難道還不讓它穿衣服嗎？」

師兄耐心地開導我，逐漸地我不再那麼害怕蛇了，甚至覺得它身上長的鱗片只不過是它天生帶來的東西而已，和羽毛絨毛並無兩樣。儘管我還是不敢摸它，但是和它的關係已經緩和多了。

「你看，在你心裡，一定有很多事難以接受。但事實上，並不是你不接受的事都不是好事，或許是個心結，或許是條蛇，當你真正直視它並且瞭解它的時候，你會發現，這沒什麼。」師兄對我說。

「師兄，你咋變了性情？以前你可不是這樣的啊。」我想不明白怎麼今天師兄變得這麼好了呢？

「你是不是想說，在你的心裡我是凶巴巴的？就像現在這樣？」他壞笑地看著我，舉起了手裡的蛇。

「啊，師兄，我錯了。在我心裡你永遠都是最好的。」我連忙站起身來，隨時準備逃跑。

「哈哈，不逗你玩了，怎麼說我也是大師兄，肯定比你們的悟性高，比你們懂得多，以後多跟我學著點，我就不對你凶巴巴的了。」

心結這種東西誰都會有吧，不知道其他人都是怎麼化解開的。但是大師兄這種方式我還是真的不喜歡，因為我受到了很大的驚嚇。

細節是成敗的關鍵

釋貪師兄不知道從哪裡得來了一個放大鏡，回來之後就這裡照照那裡照照，被他照過的東西都比原先的樣子大了好多，就連師兄的臉也被放大了好幾倍。

「二師兄，我看書上說放大鏡能把紙片點著，這是不是真的？」我看著釋貪師兄的放大鏡，問道。

「當然了，這就是放大鏡的聚光原理。」釋貪師兄回答道。

「可是書上沒寫怎麼把紙片點著，師兄你知道嗎？」

「必須知道啊，你看著，我給你試驗一下，到時候不要太驚訝得亂叫，知道了不？要是把師父惹來，肯定說我教壞你了。」釋貪師兄抬頭看看頭頂的大太陽，又低頭對我說道。

我點了點頭，然後就看他拿來一張薄紙，放在地上，然後將放大鏡照在上面，形成一個圓形的圈。釋貪師兄舉著放大鏡呆了好一會兒，我就看見薄薄的紙片被點著了！真神奇，太好玩了，因為答應了師兄，所以我沒有大呼小叫起來。

釋貪師兄眯著眼睛對我說道：「太熱了，我快被烤死了，先進屋涼快去了，你自己在這裡慢慢研究吧！」說著，他就站起身來回屋了，走時還不忘把放大鏡塞在我的手裡。

我也要作出這麼偉大的實驗！說做就做，我隨便找來一張薄紙，就開始學著師兄的樣子在灼熱的陽光下，開始了我偉大的實驗。然而，過了很久也沒見薄紙被點著。我想可能是時間不夠的原因吧，再等一會兒。結果，我等得自己都頭暈目眩了，還是沒把薄紙點著。最終，我還是放棄了這次偉大的實驗。

我拿著放大鏡和薄紙回到屋裡，釋貪師兄正在製作新型的「玩具」，看到我回去了對我說：「怎麼樣，試驗進行得還算成功嗎？」

「不成功，沒點著。」我有氣無力地將放大鏡和薄紙往桌子上一扔，就躺在了床上。

「哎喲，你輕點扔，壞了我還得賠小牛施主！」師兄心疼地拿起被我扔在桌子上的放大鏡，拿起那張薄紙接著對我說道：「我什麼時候讓你用潮濕的薄紙去點了？難怪點不著呢，這個實驗要用乾燥的薄紙才能做成功呢！」

釋貪師兄不愧是玩的專家，我拿起那張潮濕的薄紙，心中遺憾地想：一件這麼偉大的工程，居然讓這麼個小細節給毀了，真是太可惜了！

解悶的花兒

我見過一種花，每一朵都像個大太陽，幸虧它們不會發光發熱，不然世間真的該遭殃了！我叫來釋貪師兄，他說這花叫向日葵。後來我問他「葵」字怎麼寫，他說他也不知道，只是聽說叫向日葵。

於是我們回去問師父，師父在一張白紙上寫下了大大的「葵」字。

「向日葵之所以叫這個名字，是因為它的頭一直是向著太陽的，它總是昂首挺胸，望向太陽。至於它為什麼這麼神奇地生長，可能是因為它身體所需要吧。」師父說道。

「那向日葵能吃嗎？」我問。

「向日葵能吃，我們平時吃的瓜子就是它的種子，生長在花朵的中心。不少人家也是吃花瓣的，可以治病。」

「那還真是一種有用的花，既可以吃又可以觀賞還能治病呢！」我高興地說道。

「最重要的是它還有一張大笑臉可以逗大家開心呢！」釋貪師兄補充道。

「你們呀，以後要多學習認字，連這麼簡單的字都不會寫，怎麼閱讀更深奧的經文呢？對了，上次施主們不是捐了很多書籍嗎？那裡面有很多關於植物動物百科的知識，你們也要有時間多學習，不要每次都來問我。」

「知道啦，我們會好好學習的。釋嗔師兄呢？」我忽然發現一上午都不見釋嗔師兄了。

「你們還知道關心師兄啊，他早上跟釋淨比跑步輸了，現在正在後山鬱悶呢！」聽師父這麼一說，我和釋貪師兄都坐不住了，怎麼比賽這麼大的事情沒有叫上我們呢？我們趕緊跟師父告別，然後去找師兄。

「咱們師兄就是見不得別人比他強，樣樣都比，輸了就鬱悶，快去看看吧。」

「以前我特別怕師兄生氣傷心，因為他一不高興就愛拿我撒氣，不過現在我不怕了。」我笑著說道。

「為什麼呀？你翅膀硬了？」釋貪師兄不解地問。

我笑了笑，沒有回答他。他一定是忘記了剛才談到的向日葵，那種植物在我看來是一劑良藥，專門治癒內心苦悶的藥。要是我能帶釋嗔師兄去觀賞向日葵，他會知道樂觀向上的力量能產生微小的幸福。

螞蟻教會我的事

我終於等到桃子成熟了，今天我一定要去山上摘桃子！不過，師父肯定不讓我一個人去，所以，我得去找個同伴！

「釋嗔師兄，你在幹什麼呢？和我去摘桃子吧，水靈靈的大紅桃子，想想就有胃口，走吧！」我試圖用這招來誘惑他。

「不去，外面的太陽簡直快成火了，我才不想被曬成黑炭呢！再說了，你摘回來，我再吃不就得了嗎？」他陰險地說道，哼，總想著欺負我！

「我的好釋貪師兄，你想不想吃桃子啊？」

「想，咱們寺裡有嗎？」

「沒有，你陪我去山上摘吧！」

「那不想吃了。」

「……」

「釋癡師兄，你不能再拒絕我了！陪我去摘桃子，好不容易等到這個時候了，你們卻都不陪我去，太不夠意思了！」我幾乎哭腔著說道。

「我還要…好吧，去吧，真是的，外面那麼大的太陽」釋癡師兄還是很善良的，我知道他也想拒絕，不過還是沒忍心。

我們下午頂著個大太陽就出發了，一路上我興高采烈地唱著剛學的曲子，釋癡師兄則滿頭大汗地苦悶著臉。我猜他現在肯定在後悔自己的善良了。經過了半個多小時，我們來到了桃子的世界。

微風撩過我們的衣袖，我彷彿看到那鮮嫩的桃子在向我招手。師兄把袋子遞給我，自己去樹下乘涼了。說句實話，這裡並不熱，還很清爽呢！我細心地挑選著心愛的桃子，我把能勾到的桃子都摘了下來，這些顯然是不夠大家分的。但是我年紀小，個子也比較矮，長得高點的桃子我只能踹著勾，十分費力氣。師兄低著頭在認真地看著什麼，我正氣憤他不來幫忙的時候，他突然走到我面前對我說「師弟，我幫幫你吧。」

「嘿嘿，這樣就對了，兩個人總比一個人有效率。不過，你怎麼突然開竅了呢？」

「剛才我看到一群螞蟻在運輸食物，有一隻很小的螞蟻搬了個大傢夥，走起來有些吃力，不一會兒，另一個螞蟻就來幫它了，又過了一會兒我發現有很多個螞蟻都來幫助它了。螞蟻們都懂團結合作的精神，我真是受益匪淺呢！」

「師兄，你可算是想開了，那咱們就能摘更多的桃子回去了！」我開心地對他說道。

我們滿載而歸，眾師兄都說我們是好樣的，下次也要向我們學習。

其實，我想說，要不是那群螞蟻搬家，你們還吃不到這麼多的桃子呢！這次摘桃子的事件讓眾師兄知道了勤勞和團結的好處，還讓我知道了下次摘桃子一定要穿個長袖衣服，免得洗完澡了身上還是癢癢的！

壞人會做好事，好人也會做壞事

隔壁村子有個出了名的大善人，雖然家裡面錢不算太多，但是非常願意出資參加各種公益活動，聽說還收養了一名非洲兒童呢！其實非洲在什麼地方我也不知道，只是聽說那裡的施主像煤炭一樣黑，放在黑夜根本找不到，而且那裡很窮，還不如我們寺裡吃得好呢！不過，非洲是在國外，加上這兩個字，立刻讓我覺得不一般了。

每當我和師父去他們村子，談論起這位施主，村民們總是用一種自豪的語氣說：「他可是前所未有的善人，簡直就是菩薩在世！瞧，他就住在我家隔壁。」

我一直不明白那位大善人住在這個村子和他做善事有什麼關係，但是村民們卻屢次拿這件事情來說。

這次上他們村來，是為了修建水管的事情，本來師父打算讓釋嗔師兄一起來，但是師兄卻有事讓我來了。

本來，在這個科技發達的年代，寺裡有水管並沒有什麼問題，這位大善人也是一片好心想給我們寺裡修建水管，省得我們每天挑著水桶去打水這麼辛苦。我覺得這沒什麼問題，但是師父卻接受不了，他說讓我們挑水是每日的修行，要是有了水管，寺裡的僧人就會變得很懶惰，也練就不出平穩的性格，所以堅決不允許修建水管。

「施主，請您收回這一片好心，如今寺裡已經沒有什麼保持原始狀態了，因為外界的飛速發展，寺裡也多多少少受到了影響。挑水這項活動原本是為了生存，必須有和尚去挑水，但是現在，您要修上水管，誰還會活動筋骨？」師父一臉為難地說道。

那位大善人很友好地攙扶著師父，微笑的樣子讓人很想接近他，他這樣說道：「大師，您不要介意，如果您不願意在寺裡修建水管的話，那我就把那一部分錢捐給寺裡當香火錢吧！只是，如今這個社會水資源污染，總是吃河裡的水是不是不太好啊？」他講話的聲音也很溫柔，很實在，不像黃施主那樣財大氣粗。

「別處的水我不知道，但是我們山上的水還足夠清澈，目前還可以供我們食用，那麼謝謝你了！」師父很誠懇地向他致謝。

我們和大善人是在他們村子口道別的，傍晚時分，清涼的風摻雜著白天溫熱的空氣，村口有很多村民在乘涼，還有些狗、貓也在相互追逐，大概他們已經吃過晚飯了吧！等我回過頭去尋找那位大善人時，卻發現他走到一個角落時，踢了旁邊盯著他的狗，那樣的兇狠是我沒有意料到的。

「師父，那位大善人根本不是什麼好人，他居然狠狠地踢了旁邊的狗。」我將我的懷疑講給師父。

「哦？就因為這一件事情你就斷定他是壞人了？」師父反問道。

「他平時在眾人面前表現得很好，可是他的骨子裡卻是那樣的殘暴，真是不可想像。」我皺了皺眉說道。

「那如果是個十惡不赦的壞人，在私下裡輕輕地愛護了一隻小動物，你一定會覺得他其實是個好人對不對？」師父問道，我認真地點了點頭。

「可是他的確做了很多值得佛祖懲罰的事情，你說怎麼辦？我們不能因為他做了一小件好事就覺得他是好人，也不能因為他做了一件壞事而判斷他是壞人。」

師父意味深長地對我說。

我似懂非懂地點了點頭，但師父的意思很明確，那個大善人並不壞。

只有善心能通往佛殿

我們淨塵寺通往山下的路總共有那麼三條，一條通後山，一條在門前，還有一條是打水的必經之路。平時我和師兄們外出便是從這三條道路出去的。若是遇上雨雪天氣，那就遭殃了，因為這三條小路都是泥土路，要是下雨天出門，非得帶回滿腳的泥不可。

不少山下的村民常常跟師父抱怨：「哎呀，走到半路上就開始下雨，害得我的鞋全髒了。這條路也沒人修，真是的。」

師父不是沒想修過，但是由於寺廟裡的積蓄本來就不多，加上我們根本不是以營利為目的的寺院，所以我們沒有資本去修。再者說了，寺裡的人丁稀少，只有那麼二十來個和尚，有時候我都得被當成大人使喚，根本沒辦法實施。這件沒有結果的事情就一直被擱淺了。

今天，外面又下起了零星的雨滴，寺裡來了一個人，向師父懺悔說：「大師，我心裡愧疚啊，您能不能幫我消除罪惡呢？」

「那要看你做了什麼事，看你不懼風雨地上山來，一定是愧疚難忍了。」師父說。

「嗯，我和小王是同一個建築工地山的，老闆拖欠了我們三年的工資終於給我們結清了。小王平時和我關係不錯，他老婆生病了，所以就讓我幫他取了工資。我取了工資之後，就去了一趟外地遊玩，我就想好好慶祝一下。忘記把錢還給小王了，誰知，小王正等著這筆錢給他老婆看病呢！今天我去小王家還錢，他老婆已經不行了。」這位施主似乎帶著哭腔。

「阿彌陀佛，聽到這樣的事情，我們也很是遺憾。那位王施主恨你了嗎？」

「沒有，他說就算有了拿筆錢也治不了他老婆的病。可是，我的心裡真的很愧疚，我該怎麼辦？」

「世間萬物都有定數，不是我們誰能掌控的。王施主不是說了嗎？就算你把這筆錢送去，也不能救回他老婆。你不要再自責了，做好你自己該做的就好！」

「我們一起結了工資，現在都沒事情可做，一想到這件事我就愧疚。或許，我真的要找點事情要做。」他說罷，便告辭離開了。

傍晚，我和師父散步時，竟然在小路上遇到了大汗淋漓的他。師父詫異地問道：「你在這裡做什麼？」

「大師，我想這就是我贖罪的方法。你看，我決定在這條泥土路上，鋪一層簡單的水泥，讓上山禮佛的人能順利一些，也好讓自己有點事做。」他呼呼地說著，衣服上都是水泥的髒漬。

「你一個人？你的資金夠嗎？」師父關切地問道。

「嗯，我家中只有我一個人，父母去世的早，我又沒結婚，公司發的錢還夠。」施主憨厚地笑了。

「你是個心中有佛的人，你能這樣我真的很高興，你修好了這條路，會有更多的人來禮佛的，這是一條通往佛祖大殿的路呀！」師父感慨道。

通往佛祖大殿的路？難不成我們淨塵寺是佛祖大殿？我正納悶呢，師父又對他說：「你修葺的是你心中向佛的大殿呀，我們都難以到達！阿彌陀佛」

機會是留給有準備的人

師父總是讓我們做一些看起來沒有什麼用的事情，比如打坐、掃地、收拾屋子。要說這些事都是很正常的事情，也不該抱怨什麼，但是他老人家居然讓我每天都打掃沒有客人住宿的屋子。

那麼多間屋子呀，又沒人住，幹嘛要打掃！我也這樣頂撞過師父，還被他彈了腦殼。師父說：「你是不是覺得在浪費自己的時間？是不是覺得這是無用的功夫？」

「那當然了，有人住了我再來收拾唄，現在收拾一點用處都沒有！」我說道。

「要是那個房間半年都沒人來住，你是不是半年都不打掃？」

「嗯，又沒人住。」

「半年以後，突然來了一位客人要住那間房，結果你去給他收拾房間的時候，發現裡面發出了腐臭發黴的味道，被子也潮得沒法蓋，正好趕上那天是陰天不能曬被子。桌子、地上都是土，你要打掃幾遍？」

這個問題我還真沒想過，我被問住了。

「你有沒有聽過『候鳥搭窩』的故事？秋天的時候其他的動物都辛勤地準備

冬天用的東西，只有一隻候鳥在悠閒地唱歌。其他鳥兒開始準備飛往南方過冬的時候，它說：『冬天還早著呢，不著急，等天冷了我再飛走吧。』過了一段時間，它還在悠閒地唱歌，其他小動物就勸它：『你不飛回南方，就搭個窩吧！』它說：『還早呢，到時候再搭也不晚！』結果怎麼樣了？冬天來了，其他小動物都回家過冬了，只有它在雪地裡瑟瑟發抖，因為它根本來不及搭窩，而且它也找不到搭窩的材料了。結果它被凍死了。」

「它好可憐，被凍死了！不過，這也是它自己的錯誤，它要是早點搭窩不就沒事了嗎？」我遺憾地說道。

「對了，你不是很明白嗎？機會也是留給有準備的人的，別等到時機來了，才悔恨當初沒努力。不要以為現在你做的都是無用功，其實無形之中，這些無用功已經起了作用。只是你還不知道而已。」

好吧，我承認我又想錯了，下回我肯定乖乖地收拾房屋打掃衛生了。千萬不能學那只慵懶的候鳥，最後把自己困住。還是聽師父話吧，修行就是如此簡單！

讓自己開心的法門

不知道是不是夏天燥熱的原因，平時脾氣最好的戒緣師叔也開始抱怨廚房無比悶熱，簡直無法待下去了！這種情況在寺裡已經出現有一陣了。前幾天，釋嗔師兄和釋貪師兄還因為一件小事鬧得不可開交，要不是釋癡師兄在中間調解，可能他們到現在都不說話呢！哎，要是回到過去開心的日子就好了！

我望著滿池的荷花，回憶起了過去，那個時候，我們從不埋怨什麼，每天吃飽了睡飽了玩夠了就是最開心的一天了。可是現在，他們整天鬧矛盾，當然有時候我也在其中。荷花在風中搖搖欲墜，似乎在嘲笑我的想法。

「嗨，釋懷，你在幹什麼呢？」棋老師突然從我身後冒了出來，嚇了我一跳。

「沒事，只是來看看荷花而已。」我很快平復了自己的心情，對棋老師說道。

「你們這些小和尚真好，整天無憂無慮的，也沒有煩惱。不像我，現在工作這麼不順利，還要考慮家裡的事情。」棋老師滿臉愁容地說道。

「難道您也有煩心事？」我驚訝地望著他，在我的眼裡，來寺裡的人當中，只有小棋老師沒有煩惱，整天笑嘻嘻的。

「真想回到小時候，沒有壓力，開開心心的，多好！那個時候，我學習不好，整天就知道玩遊戲。遇到過很多下棋的高手，我向他們學習棋藝，然後再一個個打敗他們，別提多開心了。」棋老師這樣說著，好像思緒已經穿越到了那個時候。

「那還真是挺好的，多好！」我不忍打擾他，小聲地說道。

「那個時候，班主任總是叫我站著聽講，我最怕的就是回答問題，因為我什麼都不會。考試什麼的更不用說了，我對試卷有種莫名的恐懼呀！要說到這個，我就不願意回到過去了，因為那個時候，班主任和父母整天追著我，讓我學習那種感覺真的不好，還不如現在呢！」棋老師繼續抱怨著。

我弄不清楚，人究竟在什麼情況下才是開心的，他們往往願意把思想和目光停留在過去，好像過去的一切都是美好的。但是如果今天過去了，對於明天的自己來說不也成了過去嗎？那今天到底是不是開心的呢？

「想什麼呢，今天上下棋課，還不快去準備？我先去棋房等著你們，快點到啊。」棋老師拍著我的肩膀說道。

「哦，馬上就去。」我覺得還是做好現在的事情比較重要，對於過去和未來都不是我們能決定的，不如開開心心地過現在。我深呼了一口氣，調整了心態，快步返回了屋裡。

其實，對於我來說，思考過去和未來這樣的事情，根本就想不通，所以我才索性不想了。要是師兄們，沒准還真能想出個門道來。

失此得彼也不錯

午後的暖風總是適時地吹過來，清醒了我的頭腦。最近，總是迷迷糊糊的，想睡覺又睡不著。或許，在這裡讀書是個不錯的想法。

我盤坐在大樹底下，拿出了一本小故事集，津津有味地讀了起來。突然，我看到了一個很有趣的故事：

有一天，一個叫小美的小女孩和她的同伴小琳去商場買東西，結果小琳因為出門晚點了，所以沒有趕上早班車，小美見小琳沒來，就邊給小琳打電話。小琳在電話裡說才剛出門，讓小美先上早班車。

早班車，小美在電視上看到了小琳非常想看的電影，這是一部非常感人的電影，上次小琳在別人家看到過一些，因為不知道電影名字所以也沒搜到過，但小琳仍然念念不忘，只是她沒有機會再看上一遍，這次她竟然錯過了。讓這小美覺得很可惜，因為小琳平時在學校上學，根本沒什麼機會看電視，又不知道電影的名字，這次也只能錯過了。

小美惋惜的同時，小琳也在車下惋惜。因為小琳在等車的時候看到了小美心儀已久的男生，小美曾經頂著大太陽，在男生的樓下等待了一個下午，只是為了看一眼那個男生。這次的相遇或許是小美朝思暮想的，卻因為短暫的時間而錯過了。小琳覺得要是小美能在這裡遇到那個男生的話，或許還能說上句話。

見到小琳的那一刻，小美就克制不住自己的興奮了，她說：「小琳，真可惜你沒坐上早班車，我在車上的電視裡，看到了你最想看的電影。可惜我沒看到電影叫什麼名字。」

小琳也迫不及待地握住小美的手說道：「小美，你知道嗎？要是你晚走一會兒，你就能和你心儀的男生一起等公車了，而且還能一起坐公車。真是好可惜呀！」

「真是好可惜呀！」我讀完這個小故事之後，也覺得好可惜。我覺得這樣的事情最讓人彆扭了，很多前來拜訪的施主也常常說自己要是當時怎麼樣怎麼樣該多好啊，可惜怎麼樣怎麼樣。

可是，如果佛祖再給一次機會，施主們又會如何選擇呢？是選擇坐上這趟早班車，還是等待下一趟？

故事的最後這樣寫道：「世間再美好的東西也只能容你選擇一樣，所以對於我們來說，選擇顯得異常的重要，很多人都在惋惜我們所錯過的早班車，卻忽視了我們因為錯過而擁有的。」

這讓我體會到，不管選擇哪條路，我們只要抓住自己選擇的，就一定會很幸福。這個故事的意義，我選擇這樣去想，比選擇惋惜地感歎或許更好一些。

藏在土裡的秘密

繁茂泛綠的大樹陪伴我好些日子了，人家都說樹越老越有靈性，我仰望著它濃密的樹葉，猜測著它的年齡，一百年？一千年？再久一些會不會穿越到古代？

我任由著自己的想像力穿越古今，橫過時空的界限。書上曾經說過：古時候，經常有人把信箋埋在大樹底下，裡面都是秘密和夢想。這棵樹下會不會也藏著這樣的信箋？我開始懷疑腳下踩的不是普通的土地，而是承載著許多心事和夢想的信箋。

其實，我很喜歡這種訴說心事夢想的方法，雖然出家人不該有很多心事，但是我確實有很多心事。比如大師兄為什麼總是欺負我，而不欺負二師兄或者三師兄，是不是他不喜歡我？為什麼師父總是喜歡說一些大道理而不在意我的特別想法，是不是師父覺得我還太小？為什麼我可以喜歡美麗的花朵，漂亮的大山，偏偏不能喜歡美麗漂亮的小青施主？

我猜，這棵樹下一定埋著很多秘密和夢想。於是，我拿起身邊的木條插進了土裡，慢慢地向外掘碎土。地上的坑大約有碗那麼大的時候，我停下了，我發現自己真是愚笨，就算真有人往裡面埋信箋，現在也一定找不到了。

我不由地想，這些信箋被無聲的大地吞噬了，信的主人會不會也被什麼事情給吞噬了呢？他們是會按照當時寫在信箋上的夢想去努力呢？還是他們早已忘記了曾經在這裡埋下過的一樁心事？

「在幹什麼呢？挖了這麼大一個洞？」釋貪師兄突然冒出來，嚇了我一大跳。

「師兄，你怎麼會在這裡？你不是跟師父學習去了嘛。」我奇怪地看著他，希望他並沒有看穿我的心事。

「師父說今天可以休息，不用學習，我還想找你玩呢，結果在寺裡找不到你，原來是躲在這裡了。」師兄拿著我身邊的那支沾滿泥土的木條，在地上畫著奇形怪狀的圖案。

「哦，我只是覺得在寺裡無聊，你們這些師兄們最近又總是跟著師父學習我還不懂的知識，我只能在這裡讀書。」我認真地回答說。

「那你讀書就讀書唄，幹嘛在地上挖個洞呀？難道覺得自己的水準太低，慚愧得想鑽到地裡去了？」師兄打趣地問我。

「二師兄，你有沒有秘密或者夢想？比如你曾偷偷吃過肉或者暗戀過山下的美麗小女孩？」我斜著眼問他。

他突然露出吃驚的表情，撲過來捂住了我的嘴巴，對我說道：「這些事你是怎麼知道的？你可千萬別說出去呀，不然師父肯定要責罰我了。」

聽了他的話，變成我吃驚了，我瞪大眼睛看著他，小聲說道：「我只是隨便說說，你真的有過？」

師兄點了點頭，接著看向河邊，說道：「其實，不管是誰都會有秘密，這一點都不稀奇，而且，也都做過一些不該做的事情，這很正常。你不是也很喜歡山下的小青施主嗎？你想把秘密藏在這個洞裡？」

「嗯嗯，我想把寫好秘密的信箋放在這裡埋好，要是我以後忘記了，這裡還能替我記住呢！」

「那好，我幫你吧。」看著師兄幫我埋信箋的身影，我想有時候，我們會覺得自己所做的事情有些傻，但其實每個人都會去做。只是有很多施主把它當秘密藏了起來，有些施主把它常掛嘴邊，還好我們都會意識到這些傻事的存在，否則可是要頻頻犯錯誤的呀！

不要用自己的標準去判斷別人

烈日當空，月季花、牽牛花、米蘭花盛開在暖風中，懶懶散散地舒展著腰身。我真的很後悔在這樣酷熱的天氣陪釋癡師兄逛公園。

說是公園，其實就是村裡施主們的休息之地，跟香客們談論的城裡公園有著很大的區別，沒有各式各樣的健身器材，也沒有花哨漂亮的地磚，但是這裡天然的山水美景也同樣吸引了不少前來觀賞的遊客。

最近，村子越來越現代化了，很多施主開始到外面打工，也有不少施主決定向這裡投資。大街上開始流行城裡的東西，來這裡觀光的遊客也多了起來。

釋癡師兄之所以大中午的出來，是因為他上午出來的時候把師父送給他的佛珠弄丟了。據他自己說是在這一地帶丟的，要是讓師父知道了一定會大怒的。儘管我知道那串佛珠值不了多少錢，但是作為一個和尚竟然能把佛珠弄丟，也是件可恥的事情了。所以，我本著慈悲為懷的心，出來幫師兄一起尋找。

「釋癡師兄，你說你怎麼那麼不小心呢？還非得現在來找，太陽跟火一樣，熱死我啦！」我抱怨著。

「我也納悶呢！按理說我不會丟東西的，何況是佛珠。現在要是不找，恐怕來晚一會兒就被別人撿走了。」釋癡師兄擦了擦我頭上的汗，對我說。

正在我們為找不到佛珠而苦惱時，一群人引起了我的注意，我指著他們說道：「三師兄，你看他們在幹什麼呢？」

「我也不知道，這麼熱不在家呆著，幹嘛呢？去看看。」好奇心驅使著我們，走了過去。

「你們饒了我吧，我只是餓了，想找口吃的。」地上躺著一個年輕的施主，被打得嘴角滲出了血跡，身上也沾滿了土。他驚恐地看著每一個人，祈求地說著。

「哼，你以為我們是好欺負的嗎？竟然敢偷我們的錢，真是不想活了。」站在旁邊的一位男施主說話了，我不認識他，不過，聽他的語氣就知道他不是個省油的燈，肯定沒有去過寺裡。其他人聽到他的話好像也硬氣了很多，都紛紛表示不能饒了這位被打的施主。

我本來想給這位施主求情，但是走進一看，地上散落的物品裡赫然躺著師兄的佛珠！原來我們一直找尋的佛珠沒丟，而是被偷了！我頓時憤怒了起來，但是為了出家人的形象，我沒有出聲，卻也沒為他求情。

「好了，各位施主們，別為難這位施主了。我想他也是走投無路才會選擇偷這條路的。他也偷了我的東西，但是我不打算追究了，如果他願意的話，我可以把佛珠送給他。」我聞聲看去，居然是釋癡師兄在說話！我使勁拽了一下他的衣服，暗示他不要說話。

「和尚，我們今天就看在你的面子上，放了他。」那個施主看來也不是不講理，對釋癡師兄說完又轉身對那位小偷施主說道：「我為人正直，最見不得別人做不道德的行為，尤其是像你這樣的小偷，以後別再讓我看見你偷東西。」那位施主將地上散亂的東西拿起來還給丟失東西的施主，然後離開人群走開了，圍在這裡的施主們也漸漸散開了。

那位小偷施主眼中全是淚水，仿佛是在說：「我真的是走投無路了。」師兄離開的時候並沒有帶走那串佛珠，而是讓我留給了那位施主。我問師兄為什麼幫助他。釋癡師兄幫我擦著頭上的汗水說道：「一個可以吃飽飯的人，怎麼能想像得到餓肚子的人是怎麼樣的痛苦呢？既然大家體會的不一樣，又為什麼為別人制定道德標準呢？」

我似乎覺得釋癡師兄越來越像師父了，說不上來的感覺，或許師兄真的不再愚笨了呢！不過，我覺得很奇怪的是，他填飽肚子為什麼要偷佛珠呢？難道他以為佛珠值不少錢？還是想擁著佛珠圖個心安呢？

除了謙讓和公平，還要懂得合作

吃過午飯，師父說王施主家裡騰出了地方，讓我們把西禪房裡的香檀木桌子給山下的王施主家搬去。大師兄釋嗔藉口說還有經文沒背完，先溜了。二師兄釋貪說自己約了其他的施主，也跑了。只剩下我和釋癡師兄四目對視，又剩下我們兩個人！

西禪房裡的香檀木桌子是個古老的物件，去年王施主說家裡放不開了，就放到了寺裡。其實香檀木的桌子很值錢，只是這裡的村民樸實，沒有施主企圖打劫這件香檀木桌子，所以師父還是很放心讓我們兩個人給王施主送去的。

我和釋癡師兄很友愛，為了公平起見，我們說好每個人抬一段距離，之後換另外一個人。我們都為這個想法而自豪，如果師父知道我們這樣互相謙讓，互相友愛一定會誇讚我們的。

「三師兄，你說大師兄和二師兄到底是不是真心向佛的？居然讓咱們兩個人來搬桌子，幸虧不是太大也不算太沉，不然還真沒辦法。」我費勁地搬著桌子，釋癡師兄卻悠閒地走著，我不怪他，只怪大師兄和二師兄為什麼不來。

「或許他們覺得我們能做好，不需要幫助呢！現在咱們不就挺好的嗎？替換著一會兒就搬到王施主家了。」釋癡師兄心地真善良！

我們在路上來來回回替換了十幾次，終於在快要堅持不住的時候，來到了王施主的家門口。他們家門口的兩座大獅子正向我們張開了大口，好像要把我們吞進去一樣。我們把香檀木桌子小心地放在門邊，敲開了王施主家的大門。

「快請進，兩位小師父辛苦了。」王施主的妻子甯施主熱情地出來迎接我們。

「可不是，抱著這麼個桌子，不累才怪呢！」其實，我是在生大師兄和二師兄的氣，卻被甯施主聽見了。

「來來來，別生氣了。我就說讓我家王琦去山上取，大師非說他可以找人送下來。唉，都怪我！」甯施主說著，就把我們往裡屋拉。

「施主，您誤會了，我不是在責怪您，我是在生兩位師兄的氣呢！這個桌子要是四個人送下來，就省事多了，每個人可以少抱一會兒。」我連忙解釋道。

「怎麼你們不是抬著來的嗎？桌子怎麼抱著來呢？」甯施主不解地問。

「施主，我們兩個為了公平而且方便地把這香檀木桌子送下山來，特意說好每個人拿一會兒桌子替換著搬下來的。」釋癡師兄說這話的時候，下巴有些上揚，他一定在為這個主意而自豪。

「傻孩子呀，你們要是共同抬著下來的話，可能要比現在輕鬆得多，而且說不定也早就到了。」一甯施主皺著眉頭說道。

我們這才恍然大悟，我們只懂得謙讓和公平，卻沒想到合作呀！難怪師兄們都不跟著來呢，原來他們早就懂得了這個道理。

認清自己的能力，才能避開麻煩

我們打水的地方是後山瀑布的泉眼，水流在泉眼周圍緩緩流淌，就像溫柔而細膩的釋癡師兄。書上說這種泉眼都是因為地殼變動而產生的，但是我並不這樣覺得，因為地球好像從來沒有動過。

相較於泉眼的緩慢，瀑布則磅礴得多，就像釋嗔師兄瞪大眼睛野蠻的樣子。用古詩「飛流直下三千尺，疑是銀河落九天。」來形容這裡的瀑布太合適不過了。

我和釋嗔師兄習慣性地跳上一塊大石頭，放下水桶，喘著粗氣在溪流旁休息。今天前來遊玩的施主又不少，都在這周圍拍照，遊玩。

「我們從這裡穿過去吧！」一位身材高大的男施主指著我們所在的溪流說道。

我和釋嗔師兄聽了都很詫異，儘管這裡的溪流很緩，但是有一定的寬度，要想從這裡跳過去並不是容易的事。由於我們長期住在這裡，所以對河流裡面哪些石頭可以踩很清楚。但是對於施主們來說，要想從這裡跨過去一定會沾一腳泥。

「施主，前面就有一座小橋，您可以從那邊繞行。」釋嗔師兄學著師父的樣子，好心提醒著他們。

「沒關係，要是從橋上過還要走那麼遠呢，這裡的水流又不大，就從這裡穿過吧！」這位施主說著就勇敢地邁出了第一步。其實我很想提醒他走哪塊石頭比較穩固，可是他太快了。

緊接著，這位施主的同伴們也紛紛效仿他，結果弄得這些施主們鞋、褲上都是泥巴和水漬。我和師兄看著他們狼狽的樣子，都忍不住笑了。

「阿彌陀佛，佛祖保佑你們。施主，如果有需要可以來寺裡，我們會很樂意幫助你們的。」釋嗔嘲諷似地說道，我想他肯定在為那些施主不聽他的勸告而生氣呢！

「早知道就應該聽從小師父的勸告，其實那座橋也離不了多遠。」那位帶頭的施主一臉悔恨地說道。

「是呀，但是現在已經晚了，你已經這麼做了。」我在一旁搶著說道。

「可是，我剛才看你們也是這麼跳過去的呀，就連你這麼個小孩子都可以。為什麼我這個大人卻踩了一腳水？」

「因為我們生活在這裡，對於這裡的一草一木都很瞭解，知道哪裡的石頭能踩或者不能踩。最關鍵的是就算我們弄得滿身是水，也可以去寺裡換洗呀，不要忘了我們的家就在這裡。」釋嗔師兄一聽那位施主後悔了，也沒了脾氣，解釋道。

其實，對於我們來說，在水流當中穿梭並不是一件難事，但是對於前來遊玩的遊客就不一樣了。這次的偶遇倒是給了我一些啟發：無論怎樣渴望到達的地方，都不能企圖一躍而過，要是認不清自己的能力就貿然行動，只能惹來一些麻煩。

凡事不能想當然爾

釋淨是戒緣師叔的二弟子，和我一般大，也是同一年出家的。因為我們在誰大誰小的問題上爭執不下，所以我們之間從來不用師弟或者師兄相稱。

他有很多奇怪的愛好，比如到處收集石頭、樹葉之類的東西這讓寺裡的師兄弟都很不能理解。有一次，他竟然帶了一袋子石頭回來，我和師兄們都很吃驚地看著他，他卻自豪地笑著對我們說：「怎麼樣，你們不來瞧瞧我撿回來的寶貝？」我和師兄都客氣地搖了搖頭。

其實，我們也曾經好奇地跟去瞧過。他會把撿回來的石頭放進盆裡洗乾淨，然後再放到太陽下曬乾，放進專門盛放這些「收藏品」的盒子裡。儘管他對待石頭的樣子真的很像個收藏家，但是我和師兄們都沒看出什麼稀奇來，只是覺得好無聊就不再跟去看了。

雖然我們不太喜歡他的這些愛好，但是看他那麼重視所謂的石頭寶貝，我們還是基本可以做到不干涉他，保證完全尊重他。

今天上午，釋淨把昨天剛撿回來的石頭放在窗臺上晾曬，然後陪戒緣師叔下山買菜去了。正巧被一位小施主看見，居然從書包拿出彩筆給石頭畫上了很多圖案。我看到後，倒吸了一口涼氣，趕緊把小施主拉到了施主身邊，然後告訴他以後千萬不要碰那些石頭，小施主好像也意識到自己錯了，忙點頭。

「師兄，你看，那小施主把釋淨的寶貝畫成這樣了。」我拿出被畫了的石頭給釋癡師兄看，釋癡師兄也吃了一驚，小聲問我：「被畫了幾個？這下糟了，釋淨該生氣了！」

上午十點半左右，釋淨蹦蹦跳跳地跑進了院子，打算看看他的石頭曬好了沒有，結果走到窗臺愣住了。我和釋癡師兄在一旁屏住呼吸，偷偷地看著他。

「這是誰弄的？快說！」釋淨激動地問我，一時之間弄得我措手不及，雖然已經料到他會發火了，但是沒想到他這麼直接。為了保護那個小施主，我本來想說我也不知道，但是說出口卻變成了「是我弄的。」說完之後，我恨不得打自己兩下。

釋癡師兄更是偷偷敬佩地沖我豎起了大拇指，還以為我是多麼地無私。釋淨由於整天跟著戒緣師叔砍柴，燒水，個頭比我高一些。我要是真的和他動手，還不吃虧了？正當這些念頭在我腦海中快速轉動的時候，釋淨突然對我說：「這些彩筆從哪裡買的？我也想畫，早就想把光禿禿的石頭變成藝術品了。咱們下午一起畫吧！」

我再一次愣住了，雖然是在夏天，我怎麼感覺一陣涼風吹過呢？這是不是真的呀？或許，我們把事情都想的太嚴重了，事實卻比我們想的要簡單，所以有些事情還是要看當事人的心境，何必苦惱了自己呢？

下午我要在一塊石頭上畫上個笑臉，也許我會愛上收集石頭呢！

佛陀為您遮風避雨

很多前來拜訪的香客都會問一個簡單卻很難回答的問題：「究竟什麼是佛？」其實信佛之人都有這樣的疑問，就連我也沒弄明白。

在師父眼中，佛祖是至高無上的，是為了解除人間疾苦而存在的。所以作為一名合格的出家人，他不允許任何人冒犯佛祖的佛像。

在香客眼中，佛祖是救贖他們的神，好像只有花重金買回去才能得到更好的祝福，他們同樣不允許別人冒犯佛祖。

夏天的雨總是說下就下，一陣瓢潑大雨降下，我和釋嗔師兄被困在了後山上。無奈之下，我們躲進了一個小山洞。平息之後才發現裡面住著一位小乞丐施主，頭髮上還沾著木屑、飯粒之類的東西。

或許是在洞裡無所事事，我們兩位和尚和一位小乞丐施主開始靜靜地對視。他好奇地望著我們，我們好奇地看著他。他穿著不知在哪裡撿來的衣服，腳上穿著一雙稍小的舊布鞋，樣子很滑稽。我看著他突然覺得自己好幸福，能夠吃飽穿暖。

突然，師兄用胳膊肘碰了碰我，示意我往小乞丐身後看，後面竟然是一尊木質的佛像。小乞丐好像是感覺到了什麼，拿著佛像就往外走。我和師兄正想告訴他我們沒有惡意，讓他放心在這裡就是了，結果卻令我們很吃驚，我們眼看著他把那尊佛像扣在自己腦袋上，不緊不慢地走了出去，那尊木質佛像空空的肚子居然就被他這樣運用了！

釋嗔師兄不由分說地將他拉了回來，說道：「這位施主，您不信佛也就算了，但是您也不能拿佛像當您的雨傘呀！」

「我不拿它遮雨，我就被淋濕了！」他理直氣壯地說道。

「走，你跟我去寺裡找師父，我們也不在這裡避雨了，淋就淋！」釋嗔師兄顯然是被氣壞了，我也很生氣，竟然對佛祖這樣不敬。

我們冒著大雨走在後面，他依然倔強地頂著佛像擋著雨。一路上，師兄多次警告他把佛像拿下來，他卻當沒聽見一樣。幸好是夏天，天氣不算太冷，就這樣我們回到了寺裡。

「師父，您瞧瞧他，竟然拿著佛像擋雨。」滿身濕透的師兄顧不得自己，指著小乞丐施主手中濕透的佛像說道。

我們闖進禪房的時候，師父正巧讀完今天的經文，他抬頭看到小乞丐施主，臉上露出了一絲不悅，對他講：「小施主，請問你信佛嗎？」

「我信佛呀，不然怎麼會把它帶在身邊？」

「那你可知道佛像是不可冒犯的？」師父接著問道。

「我沒有冒犯它，我誠心誠意地禮佛，但是在我遇到困難的時候，佛祖就幫上了我。我是該感謝佛祖的，因為它又幫了我一次。」

「這⋯⋯」師父一時間也不知道該怎麼說了。

「而且，我覺得它只是一尊象徵佛祖的物品而已，並不是真的佛祖。又有什麼關係呢？」

師父被這句話震驚了，趕緊請他上座，然後讓我沏了杯茶，又吩咐釋嗔師兄去拿了一身新的衣服給這位乞丐施主換上。師父說這位乞丐小施主才是真正懂佛之人，我們不該把精神上的事物轉換成物質，因為任何物質都不能代替心中的精神。

百花叢裡過，片葉不沾身

淨塵寺雖然不算旅遊景區，但是坐落在青山綠水當中，自然少不了遊客。我從來也沒想過能親眼見到幾位金髮碧眼的女施主。

她們穿得很少，只穿了一件短衫，讓我看著都替她們冷。釋淨告訴我她們是外國人，還沒等我反應過來，就聽見其中一位女施主用不太熟練的腔調說：「你們好，小師父們。」說著，就過來抱了我一下，我驚恐地掙脫了她，臉頰到脖子都火辣辣的。

「施主請留步，我去叫師父。」我慌忙地跑開了，隱約還能聽見她們的笑聲，釋淨可能也怕和我一樣，緊緊地跟在我的身後。

「師父，外面來了幾個旅遊的女施主，和以前見過的女施主長得不太一樣。剛才見到我就抱了我一下。」我幾乎委屈地向師父說著。

「出去看看吧。」師父放下手裡的經書，和我們一起出來了。

那幾位女施主已經走到寺院的那盆滴水觀音旁了，我躲在師父身後觀察著她們。

「幾位施主，遠道而來，快請進佛堂。」師父禮貌地邀請她們去了佛堂，不知道是不是剛才我反應比較大的緣故，她們並沒有擁抱師父。

因為師父一直教導我們和女施主要保持距離，不能碰女施主，不能起了貪念，不能犯了戒律，所以對於我來說，剛才的擁抱就像是偷偷喝了一瓶白酒，臉紅紅的不肯褪去。

「嗨，這位小師父，你怎麼躲在後面呀？」其中一位很漂亮的女施主用拐著彎的口音對我說。

「就是，我們對佛教很有興趣，沒有壞心的。」另外一位施主試圖向師父解釋。

「釋懷，你說我以前怎麼教育你的？」師父轉過身對我說。

「慎勿視女色，亦莫共言語。若與語者，正心思念，我為沙門，處於濁世，當如蓮華，不為泥污。」我乖乖地合掌背誦經文。

「對了，既然你知道，為什麼還躲躲閃閃呢？」

「哈哈，小師父是在為我抱他而煩惱嗎？那是我們國家的待人禮節，是友好的意思。」那位女施主不以為然地說道。

「讓你們這麼一說，我更不好意思了！」我只覺得自己的臉更紅了，但沒有剛才那麼緊張了。

「小師父還真是可愛呢！我越來越喜歡你了！」那位外國女施主又說話了。

「師父，她說喜歡我。」我一聽，又躲到師父身後去了。

釋淨跟在師父身邊，大家都看著我笑，搞得我更加不知道該怎麼辦了，只好跑出了佛堂。

其實，我知道他們都沒有惡意，而且女施主也只是為了表示友好，是我自己的想法束縛了自己，但是我還真是接受不來外國施主的熱情。

很多事情也是一樣，如果將它看淡，就能輕易地跨過去了，只是我還需要修煉呀！

吃麵不吃菜，個人心中愛

聽說戒緣師叔中午要給我們做番茄雞蛋大滷麵，還沒等用餐的鐘聲響起，我們就已經在餐桌上等著了。前幾天一直吃饅頭和綠菜早就吃夠了，戒緣師叔真是體貼呀！

「咚咚咚⋯⋯」用餐鐘響過之後，桌上已經擺好了黃瓜絲、麻醬、蒜汁等配料，卻遲遲不見戒緣師叔的大滷麵。在我們這些和尚左顧右盼的時候，師叔端了一個大盆出來，裡面是調好的番茄雞蛋滷，釋淨則端了一盆白花花的麵條。

「各位，我看天氣太熱了，給你們做點麵條吃比較爽口一些。但是我不知道你們各自的口味是什麼樣子的，你們自己過來盛飯吧！」戒緣師叔說著，就把滷放在了桌子上，師兄也把麵條放在桌子上。

我剛要盛麵條，戒緣師叔又從裡屋拿出來一盆清涼水，對我們說道：「你們又沒有要吃過水麵的？吃涼麵也是很不錯的，我比較愛吃，你們也可以嘗嘗。」

只見戒緣師叔把熱麵條放進涼水裡，涮了一下又撈了出來，接著挖了兩勺滷，放了些配料吃了起來。我從來也沒有那樣吃過，總感覺那樣吃涼麵怪怪的。但是接下來，我更加震撼了。

平時和我一起吃飯的師兄們，都開始了自己的吃法。有的吃涼麵有的吃熱麵，有的放一點滷很多配料，但是有的只放很多滷根本不放配料，最奇怪的是還有師兄往麵條裡面放醋和醬油。這些情況我從來都沒有見過，我一直認為他們和我的口味是一樣的，沒想到居然這麼不同。

「二師兄，你難道不放點黃瓜什麼的嗎？那樣會比較好吃些。」我看著釋貪師兄碗裡的麵條，單調得讓我一點胃口都沒有。

「我才不放呢，吃大滷麵只有光放滷才是最好吃的。」釋貪師兄說道。

「不放才不好吃呢，大師兄，你怎麼還放醋呀？聞起來都餿餿的。」我轉過頭又開始問釋嗔師兄。

「吃你的飯吧，你的才是餿的呢！知道什麼，不好好吃飯！」釋嗔師兄只顧得上吃飯，根本不想搭理我。

看著自己碗裡的麵條，紅綠搭配得鮮豔誘人，原本很有胃口的一頓飯，現在有些吃不進去了。看著這麼多種麵條的吃法，總覺得他們吃的並不好。或許，每個人都有自己的想法和習慣，別人改變不了也強求不來。

根器不同，修法不同

釋淨自從昨天被確診為腿骨折之後，心情就很糟糕。因為醫生告訴他這次傷情很嚴重，必須要持續治療很長一段時間才可以行走。

「是不是不能修行了？只能躺在床上修養？」他詢問醫生。

「嗯，你最好不要再做劇烈運動了，等徹底好了以後最好也不要過多的劇烈運動了。」醫生推了推大框眼鏡對躺在床上的釋淨說道。

「可是，我還要進行刻苦的修行呢！怎麼能一直在床上躺著呢？」釋淨試圖讓醫生給他一線希望，可是醫生還是走了。

他失望地躺在床上，看著窗外，默默地留下了眼淚。我坐在床邊，對他說：「都說了不讓你冒險修行，你偏不聽，非要跳那麼高的石頭，這下好了吧！」

他轉頭看向我說道：「要想成為真正的得道高僧，就一定要承受普通人不能承受的痛苦。平時，我跟著師父一起苦行，我覺得很充實。師父說僧人不光要修行，還要有強健的體魄，我要為了這個目標而努力。」

我一邊給他削著蘋果，一邊心疼地說道：「那你也不能跳那麼高的石頭呀，一不小心就成了現在這個樣子，看你修養的這幾個月怎麼辦！」

「上次釋嗔師兄就是從那裡跳過去的，我覺得既然他可以，我就一定可以。誰知…」

「你膽子真大，釋嗔師兄比你高那麼多，他當然能跳過去了，你又不是不知道自己比他矮很多。要是我早就怕得不敢跳了。」我把蘋果削好放在他的手上，說道。

「我覺得這次只是個意外而已，要不是石頭上有水，我一定不會滑下去！等我好了一定會再苦行的，我就不信我成不了方丈那樣的僧人。」釋淨說這句話的時候，眼神中充滿了堅定的信念。

「就算你再有信心我也要告訴你，我師父的功夫還不如戒緣師叔呢！而且，你真的需要好好休息了，等咱們長大一些，一起去練習好不好？」我嘗試著用師父的語氣勸誡他。

「要是等到你和我一樣了，我怎麼能成為高僧呢？這是我的夢想，不會放棄的。」他狠狠地咬了一口蘋果，固執地說道。

這時，師父走了進來，笑著說道：「釋懷，不要管他了。每個人都有命數，就算你再苦苦勸他也沒用。對於他來說，這種極限的修行或許是痛苦的，但是讓他放棄這樣的修行比堅持還要痛苦呢！」

過去，我始終不明白，為什麼很多人總是倔強地去堅持一件根本做不到的事情。師父常常教導我們要量力而行，就是告訴我們要知道自己的實力是什麼樣的，去做該做的事情。可是，今天師父說的這句拗口的話，顯得並不那麼難懂。

我點了點頭，沖釋淨咧嘴一笑，說道：「既然這樣，那我就支持你吧！」

為什麼金魚不是魚

釋癡師兄的小金魚是去年在村子裡拿回來的，為了向我們證明那條金魚是他養的，還特意往魚缸上貼了個紙條，上面寫著他的法號和金魚的名字——釋金。

三師兄養釋金純粹是件史無前例的事情，在此之前，師父一直反對我們養動物，因為動物的壽命比較短，萬一發生了不幸，佛祖是要把責任降到我們頭上的。

這只名叫釋金的金魚是村裡斌施主送給釋癡師兄的，斌施主曾這樣說：「這是我養了半年的金魚，你把它留在身邊就好像我陪著你一樣。我們要搬家了，我會想你的，好好修行吧！」釋癡師兄悲傷地送走了施主，發誓一定要好好照顧這條魚。

斌施主已經離開一年了，釋癡師兄也養了釋金一年了。可是今早，我卻聽到了一個壞消息：釋金去世了！我的第一反應就是釋癡師兄一定傷心極了，我跑到釋癡師兄身邊時，他果然已經傷心得只知道流淚了。

「阿彌陀佛，師兄，釋金怎麼死了？」我關切地問道。

「我也不知道，昨晚我還和它說今天帶它出去散步呢！怎麼說走就走了呢？」我的問話顯然又勾起了他與釋金之間美好的過去，奇怪的是他完全沒有為自己可能會接受佛祖的懲罰而擔心。

「你也不要太難過了，人死都不能複生，何況是只金魚呢？大不了我再偷偷給你買一條吧！」釋貪師兄也在一邊安慰著他。

「你們不懂，它不是一隻普通的金魚，它是斌施主臨走之前託付給我的，是斌施主的感情所載之物，怎麼能死去呢？」釋癡師兄搖了搖頭，表示不需要我們的說明。

「可是它已經死去了呀，你執著於不能改變的事情不是愚蠢的表現嗎？它不過就是一隻金魚而已，只是因為你在它的身上注入了太多的感情才會捨不得它。現在它已經去世了，說明它的壽命註定只有這麼長，你要做的就是專心為它超度，然後送它離開。」釋嗔師兄就連勸人都是這樣急切切地說話，真是不知道他怎麼想的。

「嗯，還是聽你們的吧，師父說得對，寺裡不該養動物的。每個生命的離去一定會引起一陣悲傷。我以後不會再養動物了。」釋癡師兄抹掉臉上的淚水說道。

其實，我覺得雖然釋癡師兄有時候固執不開竅，但是他說的這句：「每個生命的離去定會引起一陣悲傷。」我還是很認同的，因為我看到躺在路邊的毛毛蟲時，心裡也會有這樣的悲傷，雖然它只是個很小的動物。

為了讓釋癡師兄的心情得到緩解，我和釋貪師兄決定帶他去山下轉轉。然而，就在我們不注意間，釋癡師兄又捧了一盆金魚回來，非說那只就是他的釋金，完全沒有了剛才的悲傷。

我想，他想要的並非那只金魚，而是那只金魚帶給他的精神世界吧！

【書籍特色】

- 中文繁體首度全譯本
- 文豪大仲馬逝世145周年——超值收藏紀念版
- 大仲馬作品中罕見的愛情小說
- 曾改編為電影、漫畫等

容簡介】

故事發生在1670年左右的荷蘭。

約翰・維特和考尼・維特兩兄弟，是荷蘭的政治人物，他們聯手廢除時荷蘭的專制制度，因而捲入政爭，結果慘死在暴民手中。本書主角・巴赫勒醫生，是考尼・維特的教子，他的興趣就是栽培鬱金香。為市懸賞的賞金及名聲，巴赫勒努力要種出傳說中的黑色鬱金香，不料捲入政爭並遭人構陷，只能帶著鬱金香球根鋃鐺入獄。之後因緣際會獄卒的女兒——美麗的麗莎，兩人陷入熱戀。在歷經一連串的險境與之後，巴赫勒能否成功栽植出黑色鬱金香？兩人的戀情又是否能夠開果？

世間稀有、神秘而珍貴的黑色鬱金香，代表有情人之間難能可貴、得易的愛情。在《黑色鬱金香》裡，大仲馬藉由一段曲折的愛情故事，出當時歐洲政治的動盪，以及人們追求良善與真理的勇氣與渴望。全繞黑色鬱金香，演繹出一幕幕驚心動魄而又催人淚下的場景。

者簡介】

馬 Alexandre Dumas 1802～1870

19世紀浪漫主義作家，舉世公認的法國文豪。出身低下、自學成材的人物。一生著有150多部小說，90多個劇本，文集250卷。2002年，法統席哈克宣布，將大仲馬移靈巴黎的先賢祠，從而與作家維克多・雨左拉等人共享此殊榮。

特色：通俗流暢，故事戲劇化，反映時代歷史背景。

作品：黑色鬱金香、基督山恩仇記、三劍客等。

大喜文化 《黑色鬱金香》 ◦ **320元**

【書籍特色】

- 〈閨蜜〉同名小說作者，在台最新力作
- 上億網軍讚嘆，〈噹噹網〉甫推出即上新書熱賣榜前三名
- 36個令人歎為觀止的故事，曲折離奇，卻又理所當然

【內容簡介】

潔癖男：「我有潔癖！手沒有洗乾淨，絕不能碰我的東西。」
星座女：「你是什麼星座?天阿，你一點都不像ｘｘ座！」
完美男生：「這邊少了一鳌米。重作！」
健忘女孩：「啊…我忘了帶…」

你一定遇過這樣的人，看起來很正常，相處起來也不錯。
但他會在某個時刻，讓你無法忍受，甚至想暴打他一頓。
這些人，有一個響亮不凡的名字，「奇葩」。
他們總讓你又氣又笑，曾想過要勸他改變。
但屢次的白費力氣，讓你只能深嘆一口氣，說「那就這樣吧，挺好的」。

只是你有沒有想過，在別人眼中的你又是個什麼樣子？
人生有趣的地方就在，我們總是時時刻刻扮演著不同的角色。
此時你是完美先生，下一秒又變成不可能小姐，換個地方又成了潔癖小姐。
就像川劇變臉一樣，換張臉就是換個人，你時而張狂，時而謹慎，大方豁達又常常悲觀。
有時候，你也弄不清哪個是真的你？

也許，在某個時刻，我們也是別人眼中的「奇葩」。

那就這樣吧，挺好的！

大喜文化《那就這樣吧，挺好的》。**320元**

國家圖書館出版品預行編目（CIP）資料

簡單，才能開心
/噶瑪旺莫著. -- 初版. -- 新北市：
大喜文化, 民 104.03
面；　公分. --（喚起；9）
ISBN 978-986-91500-3-3（平裝）
1.佛教修持 2.生活指導

225.87　　　104002385

喚起 09

簡單，才能開心

作　　者：噶瑪旺莫
編　　輯：蔡昇峰
出 版 者：大喜文化有限公司
發 行 人：梁崇明
登記證政院新聞局局版台業字第 244 號
P.O.BOX ：中和市郵政第 2-193 號信箱
發 行 處：23556 新北市中和區板南路 498 號 7 樓之 2
電　　話：02-2223-1391
傳　　真：02-2223-1077
E-mail：joy131499@gmail.com
銀行匯款：銀行代號：050，帳號：002-120-348-27
　　　　　臺灣企銀，帳戶：大喜文化有限公司
劃撥帳號 :5023-2915，帳戶：大喜文化有限公司
總經銷商：聯合發行股份有限公司
地　　址：231 新北市新店區寶橋路 235 巷 6 弄 6 號 2 樓
電　　話：(02)2917-8022
傳　　真：(02)2915-6275
初　　版：2015年03月
流 通 費：280 元

ISBN 978-986-91500-3-3

WAKE UP

喚回最初的自己

WAKE UP

喚回最初的自己